"十四五"国家重点出版物出版规划项目

军事高科技知识丛书·黎　湘　傅爱国　主编

国家出版基金项目
NATIONAL PUBLICATION FOUNDATION

情报技术与装备

梁　天 ★ 主编

Intelligence Technologies and Equipments

国防科技大学出版社

·长沙·

图书在版编目（CIP）数据

情报技术与装备/梁天主编. —长沙：国防科技大学出版社，
2023. 10（2024. 6 重印）

（军事高科技知识丛书/黎湘，傅爱国主编）
"十四五"国家重点出版物出版规划项目
ISBN 978 – 7 – 5673 – 0629 – 5

Ⅰ. ①情…　Ⅱ. ①梁…　Ⅲ. ①军事情报　Ⅳ. ①E87

中国国家版本馆 CIP 数据核字（2023）第 189437 号

军事高科技知识丛书
丛书主编：黎　湘　傅爱国

情报技术与装备
QINGBAO JISHU YU ZHUANGBEI
主　　编：梁　天

出版发行：国防科技大学出版社
责任编辑：刘璟珺　　　　　　　　　责任美编：张亚婷
责任校对：卜晓瑾　　　　　　　　　责任印制：丁四元
印　　制：长沙市精宏印务有限公司　开　　本：710×1000　1/16
印　　张：15. 25　　　　　　　　　字　　数：225 千字
版　　次：2023 年 10 月第 1 版　　　印　　次：2024 年 6 月第 2 次
书　　号：ISBN 978 – 7 – 5673 – 0629 – 5
定　　价：108. 00 元

社　　址：长沙市开福区德雅路 109 号
邮　　编：410073
电　　话：0731 – 87028022
网　　址：https://www.nudt.edu.cn/press/
邮　　箱：nudtpress@nudt.edu.cn

军事高科技知识丛书

总 序

孙子曰："凡战者，以正合，以奇胜。故善出奇者，无穷如天地，不竭如江河。"纵观古今战场，大胆尝试新战法、运用新力量，历来是兵家崇尚的制胜法则。放眼当前世界，全球科技创新空前活跃，以智能化为代表的高新技术快速发展，新军事革命突飞猛进，推动战争形态和作战方式深刻变革。科技已经成为核心战斗力，日益成为未来战场制胜的关键因素。

科技强则国防强，科技兴则军队兴。在人民军队走过壮阔历程、取得伟大成就之时，我们也要清醒地看到，增加新域新质作战力量比重、加快无人智能作战力量发展、统筹网络信息体系建设运用等，日渐成为建设世界一流军队、打赢未来战争的关键所在。唯有依靠科技，才能点燃战斗力跃升的引擎，才能缩小同世界强国在军事实力上的差距，牢牢掌握军事竞争战略主动权。

党的二十大报告明确强调"加快实现高水平科技自立自强""加速科技向战斗力转化",为推动国防和军队现代化指明了方向。国防科技大学坚持以国家和军队重大战略需求为牵引,在超级计算机、卫星导航定位、信息通信、空天科学、气象海洋等领域取得了一系列重大科研成果,有效提高了科技创新对战斗力的贡献率。

站在建校70周年的新起点上,学校恪守"厚德博学、强军兴国"校训,紧盯战争之变、科技之变、对手之变,组织动员百余名专家教授,编纂推出"军事高科技知识丛书",力求以深入浅出、通俗易懂的叙述,系统展示国防科技发展成就和未来前景,以飨心系国防、热爱科技的广大读者。希望作者们的努力能够助力经常性群众性科普教育、全民军事素养科技素养提升,为实现强国梦强军梦贡献力量。

校　　长

国防科技大学

政治委员　傅爱国

院士推荐

杨学军

　　强军之道，要在得人。当前，新型科技领域创新正引领世界军事潮流，改变战争制胜机理，倒逼人才建设发展。国防和军队现代化建设越来越快，人才先行的战略性紧迫性艰巨性日益显著。

　　国防科技大学是高素质新型军事人才培养和国防科技自主创新高地。长期以来，大学秉承"厚德博学、强军兴国"校训，坚持立德树人、为战育人，为我军培养造就了以"中国巨型计算机之父"慈云桂、国家最高科学技术奖获得者钱七虎、"中国歼－10之父"宋文骢、中国载人航天工程总设计师周建平、北斗卫星导航系统工程副总设计师谢军等为代表的一茬又一茬科技帅才和领军人物，切实肩负起科技强军、人才强军使命。

　　今年，正值大学建校70周年，在我军建设世界一流军队、大学奋进建设世界一流高等教育院校的征程中，丛书的出版发行将涵养人才成长沃土，点燃科技报国梦想，帮助更多人打开更加宏阔的前沿科技视野，勾画出更加美好的军队建设前景，源源不断吸引人才投身国防和军队建设，确保强军事业薪火相传、继往开来。

中国科学院院士 杨学军

近年来，我国国防和军队建设取得了长足进步，国产航母、新型导弹等新式装备广为人知，但国防科技对很多人而言是一个熟悉又陌生的领域。军事工作的神秘色彩、前沿科技的探索性质，让许多人对国防科技望而却步，也把潜在的人才拦在了门外。

作为一名长期奋斗在航天领域的科技工作者，从小我就喜欢从书籍报刊中汲取航空航天等国防科技知识，好奇"在浩瀚的宇宙中，到底存在哪些人类未知的秘密"，驱动着我发奋学习科学文化知识；参加工作后，我又常问自己"我能为国家的国防事业作出哪些贡献"，支撑着我在航天科研道路上奋斗至今。在几十年的科研工作中，我也常常深入大学校园为国防科研事业奔走呼吁，解答国防科技方面的困惑。但个人精力是有限的，迫切需要一个更为高效的方式，吸引更多人加入科技创新时代潮流、投身国防科研事业。

所幸，国防科技大学的同仁们编纂出版了本套丛书，做了我想做却未能做好的事。丛书注重夯实基础、探索未知、谋求引领，为大家理解和探索国防科技提供了一个新的认知视角，将更多人的梦想连接国防科技创新，吸引更多智慧力量向国防科技未知领域进发！

中国科学院院士　逄焕晨

院士推荐

——

费爱国

站在世界百年未有之大变局的当口，我国重大关键核心技术受制于人的问题越来越受到关注。如何打破国际垄断和技术壁垒，破解网信技术、信息系统、重大装备等"卡脖子"难题牵动国运民心。

在创新不断被强调、技术不断被超越的今天，我国科技发展既面临千载难逢的历史机遇，又面临差距可能被拉大的严峻挑战。实现科技创新高质量发展，不仅要追求"硬科技"的突破，更要关注"软实力"的塑造。事实证明，科技创新从不是一蹴而就，而有赖于基础研究、原始创新等大量积累，更有赖于科普教育的强化、生态环境的构建。唯有坚持软硬兼施，才能推动科技创新可持续发展。

千秋基业，以人为本。作为科技工作者和院校教育者，他们胸怀"国之大者"，研发"兵之重器"，在探索前沿、引领未来的同时，仍能用心编写此套丛书，实属难能可贵。丛书的出版发行，能够帮助广大读者站在巨人的肩膀上汲取智慧和力量，引导更多有志之士一起踏上科学探索之旅，必将激发科技创新的精武豪情，汇聚强军兴国的磅礴力量，为实现我国高水平科技自立自强增添强韧后劲。

中国工程院院士 费爱国

　　当今世界，新一轮技术革命和产业变革突飞猛进，不断向科技创新的广度、深度进军，速度显著加快。科技创新已经成为国际战略博弈的主要战场，围绕科技制高点的竞争空前激烈。近年来，以人工智能、集成电路、量子信息等为代表的尖端和前沿领域迅速发展，引发各领域深刻变革，直接影响未来科技发展走向。

　　国防科技是国家总体科技水平、综合实力的集中体现，是增强我国国防实力、全面建成世界一流军队、实现中华民族伟大复兴的重要支撑。在国际军事竞争日趋激烈的背景下，深耕国防科技教育的沃土、加快国防科技人才培养、吸引更多人才投身国防科技创新，对于全面推进科技强军战略落地生根、大力提高国防科技自主创新能力、始终将军事发展的主动权牢牢掌握在自己手中意义重大。

丛书的编写团队来自国防科技大学，长期工作在国防科技研究的第一线、最前沿，取得了诸多高、精、尖国防高科技成果，并成功实现了军事应用，为国防和军队现代化作出了卓越业绩和突出贡献。他们拥有丰富的知识积累和实践经验，在阐述国防高科技知识上既系统，又深入，有卓识，也有远见，是普及国防科技知识的重要力量。

相信丛书的出版，将点燃全民学习国防高科技知识的热情，助力全民国防科技素养提升，为科技强军和科技强国目标的实现贡献坚实力量。

中国科学院院士

院士推荐

王怀民

《"十四五"国家科学技术普及发展规划》中指出，要对标新时代国防科普需要，持续提升国防科普能力，更好为国防和军队现代化建设服务，鼓励国防科普作品创作出版，支持建设国防科普传播平台。

国防科技大学是中央军委直属的综合性研究型高等教育院校，是我军高素质新型军事人才培养高地、国防科技自主创新高地。建校70年来，国防科技大学着眼服务备战打仗和战略能力建设需求，聚焦国防和军队现代化建设战略问题，坚持贡献主导、自主创新和集智攻关，以应用引导基础研究，以基础研究支撑技术创新，重点开展提升武器装备效能的核心技术、提升体系对抗能力的关键技术、提升战争博弈能力的前沿技术、催生军事变革的重大理论研究，取得了一系列原创性、引领性科技创新成果和战争研究成果，成为国防科技"三化"融合发展的领军者。

值此建校 70 周年之际，国防科技大学发挥办学优势，组织撰写本套丛书，作者全部是相关科研领域的高水平专家学者。他们结合多年教学科研积累，围绕国防教育和军事科普这一主题，运用浅显易懂的文字、丰富多样的图表，全面阐述各专业领域军事高科技的基本科学原理及其军事运用。丛书出版必将激发广大读者对国防科技的兴趣，振奋人人为强国兴军贡献力量的热情。

中国科学院院士

院士推荐

宋君强

习主席强调，科技创新、科学普及是实现创新发展的两翼，要把科学普及放在与科技创新同等重要的位置。《"十四五"国家科学技术普及发展规划》指出，要强化科普价值引领，推动科学普及与科技创新协同发展，持续提升公民科学素质，为实现高水平科技自立自强厚植土壤、夯实根基。

《中华人民共和国科学技术普及法》颁布实施至今已整整21年，科普保障能力持续增强，全民科学素质大幅提升。但随着时代发展和新技术的广泛应用，科普本身的理念、内涵、机制、形式等都发生了重大变化。繁荣科普作品种类、创新科普传播形式、提升科普服务效能，是时代发展的必然趋势，也是科技强军、科技强国的内在需求。

作为军队首个"科普中国"共建基地单位，国防科技大学大力贯彻落实习主席提出的"科技创新、科学普及是实现创新发展的两翼，要把科学普及放在与科技创新同等重要的位置"指示精神，大力加强科学普及工作，汇集学校航空航天、电子科技、计算机科学、控制科学、军事学等优势学科领域的知名专家学者，编写本套丛书，对国防科技重点领域的最新前沿发展和武器装备进行系统全面、通俗易懂的介绍。相信这套丛书的出版，能助力全民军事科普和国防教育，厚植科技强军土壤，夯实人才强军根基。

中国工程院院士 宗君超

情报技术与装备

主　　编：梁　天

副 主 编：屠　佳

编写人员：张　波　鄢　瑞　罗卫萍

　　　　　渠　瀛　丁必林　俞　明

　　　　　许克勤　潘　娜　符雪飞

军事情报是军事斗争的产物，是军事决策的重要依据，是军队战斗力的构成要素。军事情报的作用涵盖战略、战役、战术等各层次，贯穿战时与平时，是国家安全的重要保障。情报是维护国家安全的第一道防线，情报是最高统帅部的战略哨兵，情报是行动的先导，情报是战斗力的"倍增器"，情报是推进国家利益的秘密工具，情报是进行威慑的有力武器。

随着现代信息技术的广泛应用，人类进入了信息时代。新技术革命推动了新军事革命的兴起，为夺取和保持信息权而进行的信息作战已成为高技术局部战争的主要作战样式，军事高科技的发展极大地提高了军事情报技术与装备的发展水平，使军事情报工作迈上新的台阶。

本书涵盖情报技术与装备的基本概念及发展历程、情报搜集技术与装备、情报传输技术与装备、情报处理分析技术等内容，旨在介绍情报领域各个环节具体技术发展的重要方向和技术转化的主要体现，使读者感受并了解军事高技术对军事情报工作的巨大推动作用。

作　者
2023 年 7 月

目 录

科学技术是军事情报工作的重要物质基础。军事情报斗争不仅是智慧与人力的较量，也是技术与装备的对抗。本章旨在阐述军事情报技术与装备研究中的若干基本问题，包括基本概念、研究范畴、发展历程等，以厘清军事情报技术与装备概貌。

1.1 基本概念和研究范畴

军事情报技术与装备是军事情报领域应用的各种技术、装备与系统的统称，包括情报搜集技术与装备、情报处理分析技术与装备、情报传输技术与装备、反情报技术与装备等。

1.1.1 军事情报

军事情报是为保障国家安全、国家利益和军事斗争需要，对相关国家（地区）的情况进行搜集并处理的成果。其是制定战略方针、谋划国防和军队建设及指挥军事行动的重要依据，是军队战斗力的构成要素。从目的看，军事情报的作用是为统帅部和各级指挥员制订决策提供参考依据，以取得军事斗争胜利，维护国家安全与利益；从内容看，军事情报以军事情况为主，兼顾政治、外交、经济、科技等领域情况；从对象看，军事情报以获取敌方情况为主，兼顾相关方和作战空间情况。现代战场，军事情报作为一种重要的作战资源，不仅对提高军队作战效能发挥着重要作用，而且其本身就是战斗力的重要组成部分，是战争混沌体中的一个重要元素。

军事情报有多种分类方法。按内容和性质，分为军事政治情报、军事经济情报、军事科技情报、军事地理情报、军事气象情报；按行为主体，分为陆军情报、海军情报、空军情报、火箭军情报；按使用层级和范围，分为战略情报、战役情报、战术情报；按获取途径，分为公开情报和秘密情报；按获取手段，分为谍报侦察情报、技术侦察情报、武官侦察情报、部队侦察情报、航天侦察情报等。

围绕军事情报开展的各项活动即为军事情报工作，也称侦察情报工作，是指为满足国家安全、国家利益和军事斗争的需要，运用各种手段获取情报资料，并对其进行分析处理生成情报成果的活动。现代情报工作通常包含计划与指导、搜集、处理与加工、分析与生产、分发与整合、评价与反馈等多个环节（图1-1），每个环节都需要相应的技术与装备提供支撑和保障。例如，情报搜集环节会用到各种侦察技术（如无线电侦察技术、雷达侦察技术、光学侦察技术等）和侦察平台（如侦察卫星、侦察机、侦察船、侦察车等），处理、分析等环节则需要用到数据挖掘技术、信息融合技术、计算机辅助分析系统等。

军事情报工作的主要内容是获取并提供情报，也就是常说的情报生产。但除此之外，反情报、情报建设等相关活动也属于军事情报工作的范畴，离不开技术与装备的支撑，如反窃听器材、加密技术、特种侦察专用武器装备等。

1.1.2　装备与技术

装备即武器装备，是用于作战和保障作战及其他军事行动的武器、武器系统、电子信息系统和技术设备、器材等的统称，主要指武装力量编制内的

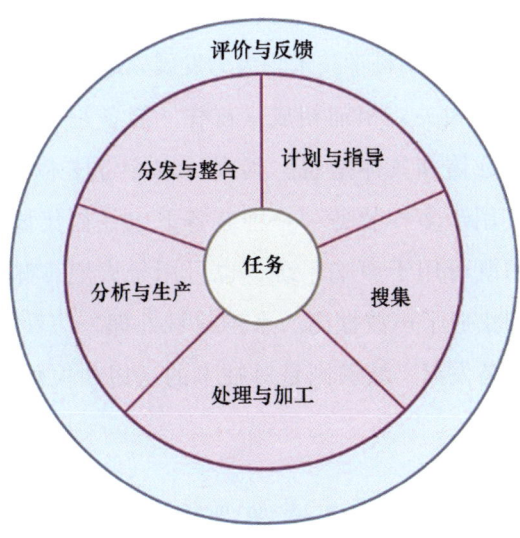

图1-1 情报工作基本环节

舰艇、飞机、导弹、雷达、坦克、火炮、车辆和工程机械等，可分为战斗装备、电子信息装备和保障装备。其中，电子信息装备是指用于信息生产、获取、传输、处理、利用或对信息流程各环节实施攻击、防护的装备，构成了军事情报装备的主体。

军事技术是直接用于军事领域的技术科学和应用技术的统称，包括武器装备研制、生产、使用、维修过程中所涉及的技术基础理论、基础技术、应用技术，以及军事工程技术、军事系统工程技术等。应用于侦察情报领域的科学技术即为军事情报技术，如无线电侦察技术、雷达侦察技术、光学侦察技术、声波探测技术、导航与定位技术、信息融合技术等，有时也称侦察技术。

武器装备是军队履行使命任务的物质基础，是军队现代化水平的重要标志。军事领域的革命性变化，通常始于武器装备与军事技术的突破性进步。当代各国在竞相把新的科学技术成就应用于作战的同时，也竞相把新的科学技术成就应用于军事情报工作。光学、电子学、声学、航空技术、航天技术、密码破译技术和各种遥感、传感技术的发明与发展，都成为军事情报工作发展的动力和阶梯。在今天，欲获取高质量的军事情报，在激烈的情报斗争中获胜，就必须重视运用新的科学技术，大力发展先进的侦察情报装备。

装备与技术密切相关，相辅相成。首先，装备是有形的，技术是无形的，装备是技术的载体和具体呈现。其次，装备与技术是多对多的对应关系，一种技术可应用于多种装备，一种装备上也往往集成了多种技术。例如，声波探测技术既可用于声呐系统，也可用于火炮声测系统、声振传感器；而声呐系统则集成了声波探测、水声信号处理、信号传输等多项技术。最后，技术引领装备发展，装备则是对技术的运用和检验，二者相互促进，螺旋上升。

1.1.3 军事情报技术与装备的研究范畴

军事情报技术与装备是军事情报学中的一个分支或研究方向，研究对象为应用于军事情报领域的所有技术与装备，包括情报搜集技术与装备、情报处理技术与装备、情报分析技术与装备、情报传输技术与装备、反情报技术与装备、侦察情报保障装备等。

情报搜集技术主要指各类传感器的探测技术，如无线电侦察技术、雷达侦察技术、光电探测技术、声学探测技术、水下探测技术、地面传感探测技术、网络侦察技术等。情报搜集装备也称侦察装备，是用于实施和保障侦察的设备、设备系统和技术器材的统称。侦察装备占据了军事情报装备的主体，数量庞大、种类繁多。按任务范围，可分为战略侦察装备、战役侦察装备和战术侦察装备；按探测手段，可分为无线电侦察装备、雷达侦察装备、声学侦察装备、光学侦察装备等；按部署空间，可分为地面侦察装备、水面（下）侦察装备、空中侦察装备、太空侦察装备、网络侦察装备等。例如，侦察卫星既属于战略侦察装备，也属于太空侦察装备；根据搭载的探测设备，侦察卫星又可分为成像侦察卫星、电子侦察卫星等。

通过雷达、卫星、技术侦察等手段获取的数据格式不一、属性各异，需要经过加工、融合，处理成统一且易于理解的形式之后，方能为情报分析人员所用。这个过程就是情报处理，也就是将搜集到的原始数据相互关联起来并转换为可供指挥官、各级决策人员、情报分析人员及其他用户使用的信息，包括图像的初步加工、数据转换与关联、图形绘制、文件翻译、录像制作、信号解密、密码破译等。在这个过程中，广泛应用现代科技，如数据挖掘技术、自然语言处理技术、信息融合技术、图像处理技术等，能够大幅提高情报处理的效率和精准度，以满足现代战争中对多源、海量数据的处理需求，将情报信息系统与指挥控制系统、武器系统更紧密地结合在一起。

数据经过处理成为信息，信息在与其他信息进行关联、比对、整合、评估之后，才会形成对分析人员有用的情报。将信息转化为情报的过程就是情报分析。例如，通过对某军用港口影像的判读（即情报处理），可以获悉该时刻港口舰船停泊情况；如果将这条信息与数天内该港口的多份影像以及其他情况进行综合比对（即情报分析），则有可能推断出某目标舰船的活动轨迹甚至下一步去向。与信息相比，情报的准确性更高，针对性更强，价值也更大，更能解答分析人员关心的问题，为决策或行动提供依据。信息往往只能反映事物表象和已知情况，情报却能够揭示事物本质，使指挥官对敌方的能力和意图做出预测性评价。从本质上说，情报分析是一个思维过程，目前这项工作仍然以人力为主。但随着大数据的出现和人工智能的发展，计算机开始在情报分析领域发挥越来越大的作用。竞争性假设分析法、层次分析法等计算机辅助情报分析软件的应用，大数据分析技术、辅助决策技术的发展，都预示着"人机协作"情报分析时代的到来。

情报传递又称情报传输，是对情报和情报资料进行传送的活动。情报传输装备主要是各类通信器材，如步话机、通信机、接收机、电台、海事卫星电话等，相关技术包括传输技术、交换技术、终端技术和通信网络技术等。现代情报传输装备通常以体系的形式集成在军事信息系统或情报处理系统内，其主要支撑是信息系统综合集成技术，包括体系结构技术、互操作技术、软件综合集成技术、通信网络综合集成技术等。

反情报是破坏敌人情报工作的一种活动，目的在于防止可能资敌的任何情报被泄露，防止敌方间谍进行渗透和破坏。常用的反情报措施主要有保密与隐蔽、安全调查、反间谍工作、技术对抗等。反情报装备主要有反窃听器材、反照相器材、有线电与无线电的加密器材、密码编制器材以及各种电子干扰设备等，所采用的技术有加密技术、电子对抗技术、网络对抗技术、信息安全技术等。

侦察情报保障装备主要指侦察部队在执行任务时所需要的一些特殊装备，如武器、工具、服装、食品以及生活用具等。这些装备通常根据行动的特点、气候、地理环境等分别进行配套保障，具有体积小、重量轻、易隐蔽、便于携带和使用等特点。

作为军事情报学的一个分支，军事情报技术与装备的研究内容主要包括三部分。

一是理论研究。理论研究是军事情报技术与装备研究的基础，包括军事情报技术与装备的定义、分类、特性、地位、作用等。

二是实践研究。实践研究是军事情报技术与装备研究的重点，包括各类典型侦察情报装备的性能参数、技术特点和操作方法等，主要军事情报技术的基本原理、实际应用和发展前沿，主要国家（地区）情报技术与装备现状等。

三是军事情报技术史研究。包括中外军事情报技术与装备的演进过程、应用历史与发展规律。

1.2　发展历程

军事情报工作起源于古代战争，此后随着战争形态的演变经历了一个由低级到高级的发展过程。在这个长达数千年的历史进程中，军事侦察手段从单纯依靠人力发展到利用各种光学、声学、电子仪器，军事情报技术也随着科学技术的发展日新月异。新技术的应用不仅极大提高了军事情报工作的效率，拓展了军事情报活动的空间，更从根本上改变了情报工作的方式、情报斗争的性质乃至人们的情报观念。

1.2.1 古代：蒙昧期

人类自有历史记载以来，先后在两河流域、尼罗河流域、恒河流域、黄河与长江流域以及爱琴海地区、地中海地区形成了璀璨的古代文明，其中以古巴比伦、古埃及、古印度、中国及古希腊、古罗马等国家最具代表性。但各文明古国由于生产力水平的限制，其战争规模、指挥水平以及对情报的需求都十分落后。

1.2.1.1 以人力侦察为主

对古代各国而言，情报最重要的功能是为作战提供指导。因此，谍报和部队侦察在当时颇受各国君主和将领的重视。中国史书和兵书中用"斥""候""谍""察""相敌"，以及"刺""探""间""伺""觇"等词来表示情报侦察。中国古代兵书《六韬·龙韬·王翼篇》，把"主往来，听言视变，览四方之事，军中之情"的股肱羽翼称为耳目；《经武要略·侦候篇》指出，"兵家之有采探，犹人身之有耳目也。耳目不具则为废人，采探不设则为废军"，"采探"就是侦察，其主要手段是观察、捕俘、讯问居民等。

古埃及在中王国时期就已经开始定期、系统地搜集情报，并且训练和使用专门搜集情报的分队。古埃及的喜克索斯人拥有非常高效的情报体系。他们利用各种通信手段传递信息，包括火把和信使，并利用专门的侦察部队侦察地形，抓获并审问俘虏。其军官在呈交情报报告时，必须标明信息来源。这是最早的系统化搜集情报的案例之一。

1.2.1.2 侦察器械的出现

历代兵家在战争中都对侦察敌情很是看重，谁掌握更为先进的情报侦察技术，谁就更能掌握战场上的主动权，进而赢得战争的胜利。古代著名的《孙子兵法》《吴子》《六韬》《黄石公三略》等兵书均用大量篇幅强调了侦察工作的重要性，并提出借助侦察器械了解敌情的方法。

1. 侦察车——巢车与望楼

在我国古代战争史上就已经出现了侦察车的运用。当时的侦察车可以从高空远望敌情。侦察车不仅有不同的种类，还有不同的名称，如巢车、望楼、橹、飞楼、云楼、轩车、云车等，主要以巢车、望楼应用较多。

春秋时期的巢车是古代最早用于情报搜集的器械，它是一种专供观察敌情用的瞭望车。唐代的《通典·兵典》中对巢车结构与用法的描述为："以八轮车，上树高竿，竿上安辘轳，以绳挽板屋止竿首，以窥城中。板屋方四尺，高五尺，有十二孔，四面别布，车可进退，圜城而行，于营中远视。亦谓之巢车，如鸟之巢，即今之板屋也。"如图 1-2 所示。

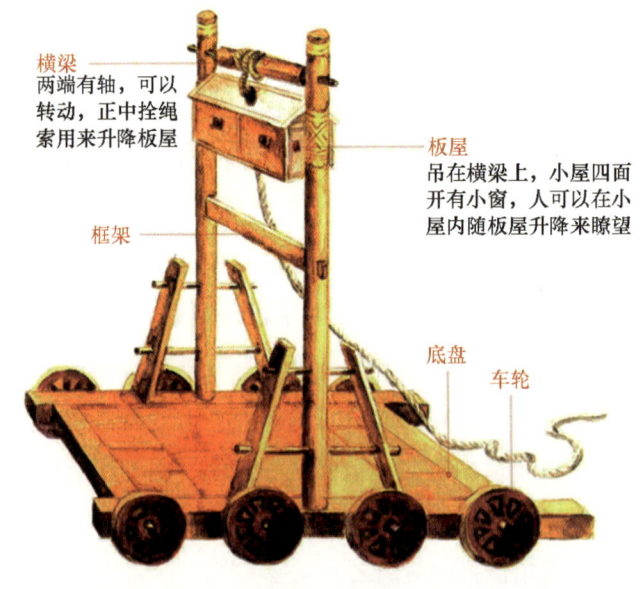

横梁
两端有轴，可以转动，正中拴绳索用来升降板屋

板屋
吊在横梁上，小屋四面开有小窗，人可以在小屋内随板屋升降来瞭望

框架

底盘

车轮

图 1-2　巢车

《武经总要》对望楼描述如下："以坚木为车坐（座），并辕长一丈五尺，下施四轮，轮高三尺五寸，上建望竿，长四十五尺，上径八寸，下径一尺二寸。（如乏长木，亦可接用）上安望楼。竿下施转轴，两旁施叉手木，系麻绳三棚；上棚二条，各长七十尺；中棚二条，各长五十尺；下棚二条，各长四

十尺，带环铁橛六条，皆下锐。凡立竿如舟上建樯法，钉镢系绳，六面维之令固。余制及侯望法皆约城中望楼也。"如图 1 - 3 所示。

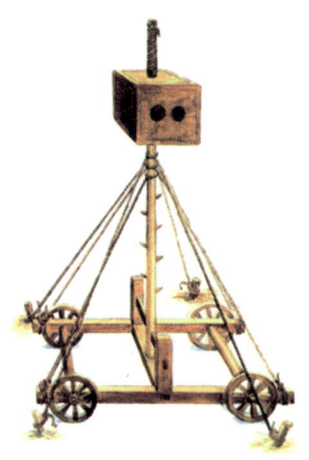

图 1 - 3 望楼

巢车、望楼底部都装有轮子，可以推动，车子可以升高到数丈，在攻城时可观察城内敌兵情况。这种居高临下观察敌情的方式，是之后空中侦察的开端。

2. 瓮听

古代战场如何对远在数十里之外的敌军进行情报侦察呢？早在战国时期，古人就利用共鸣原理发明了瓮听，如图 1 - 4 所示，这也是世界上最早用侦测声源的方法来判定目标方位的侦察器材。这种器材在获取敌方军队人数情报和挖地道攻城时效果奇大。这种工具从外形来看，与一般的小口罐子相仿。使用的时候，只需要将瓮听埋在土壤中，在瓮听口的部分包裹一层薄薄的皮革。情报人员只需趴在地上，然后用耳朵靠近瓮听口的皮革，就能通过皮革与周围环境的共振听到信息。瓮听的规格大小不一，小的便于随身携带，大的则可以满足更加精细的情报需求。这种利用声音传播原理来侦测敌人动向的技术，在一定程度上与雷达技术较为相似。

图 1 - 4　瓮听

1.2.1.3　保密手段的出现

中国古代的情报制作中，使用保密手段可以追溯到商末周初的"隐语"，即以某种约定的暗号或者其他替代语传递的情报内容。隐语是实物形式的，在兵书《六韬》有记载"阴符"与"阴书"的用法。在后来的发展中，又演变出书面形式、口头形式等。

1. 阴符

"阴符"是最早的军事密码，比较简单，使用时双方各执一半，以验真假，相传由姜子牙发明，如图 1 - 5 所示。相传商纣王末年，姜太公辅佐周室，使周族由弱变强。有一次，他们带领的周军指挥大营被叛兵包围，情况危急，姜太公令信使突围，回朝搬兵，他怕信使遗忘机密，又怕周文王不认识信使，耽误军务大事，就将自己珍爱的鱼竿折成数节，每节长短不一，各代表一件军机，令信使牢记，不得外传。信使几经周折回到朝中，周文王令左右将几节鱼竿合在一起，亲自检验，周文王辨认出是姜太公的心爱之物，亲率大军到事发地点，解了姜太公之危。事后，姜太公拿着那几节使他化险为夷、转危为安的鱼竿，妙思如泉涌，他将鱼竿传信的办法加以改进，便发明了"阴符"。

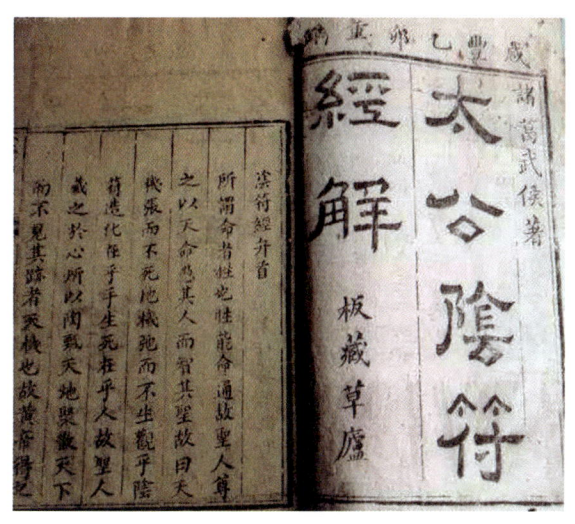

图1-5 《六韬》记载的"阴符"

当时阴符一共分为八种：有大获全胜、全歼敌军的阴符，长度为一尺；有击破敌军、擒获敌将的阴符，长度为九寸；有迫使敌军投降、占领敌人城邑的阴符，长度为八寸；有击退敌人、通报战况的阴符，长度为七寸；有激励军民坚强守御的阴符，长度为六寸；有请求补给粮草、增加兵力的阴符，长度为五寸；有报告军队失败、将领阵亡的阴符，长度为四寸；有报告战斗失利、士卒伤亡的阴符，长度为三寸。一般由指挥军队的将领掌握，上无文字图案，就连传符人也不知其中含义，即使在传递中被敌人截获，敌方也无从得知情报内容。

2. 阴书

阴符的保密性强，但能够传递的情报内容有限，所以军事情报传递过程中，又出现了"阴书"这种新的方式，相传也是由姜子牙发明。所谓阴书，就是先把所要传递的机密内容写在竹简上，然后将竹简拆开打乱，分成几份，再派几名信使各传递一份。信使到达目的地后，收信人把阴书拼合起来，便可得到完整的内容。在阴书传递过程中，即使某个信使被敌方抓获，敌方也得不到完整的情报。

3. 字验

到了宋朝，情报加密手段又有了创新和发展。宋朝发明了"字验"这种情报密码，将各种情报内容归纳为40项，用40个没有重复字的诗来表示，再编上1到40的数字代号，形成了早期的"密码本"，如图1-6所示。这种密码本由军中的主将掌握，每次使用时，根据所需传递的内容，写上事先规定的符号，对方只要查对密码本就能译出情报内容。这种传递情报的方式具有极强的保密性，情报即使被敌人截获，没有密码本也破译不了。

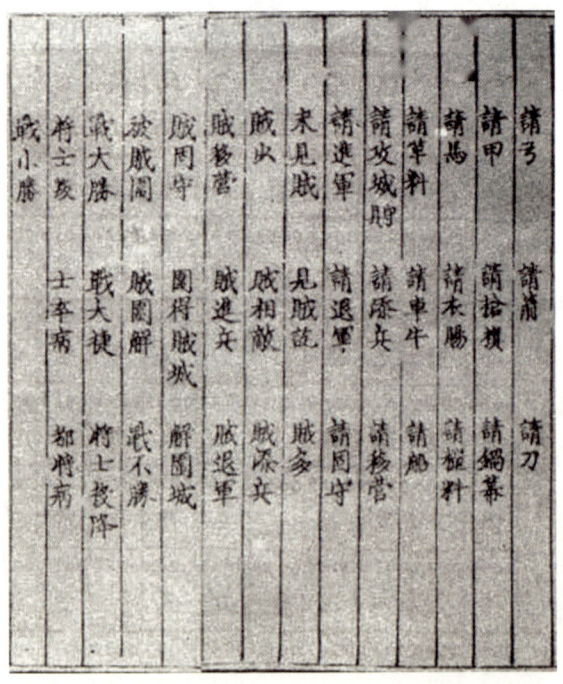

图1-6　明正德年间《武经总要》的"字验"

1.2.1.4　情报传递方式

古代情报主要是利用人力携带进行传递。这种传递方式比较灵活、便当、直接，在古代比较落后的交通条件下，是最为普遍的传递方式。传递情报的都是受过特殊训练、具备急速长途行走能力的人。元代诗人张昱的《辇下曲》对这些人有过描写："放教贵赤一齐行，平地风生有翅身。未解刻期争拜下，御前成个赏金银。"元代情报传递者称为"贵赤"，他们"从幼学走，以轻捷较胜负。练习既久，及长，一日能驰三百余里，虽快马不能及。"这些人不论刮风下雨，还是酷暑寒冬，都能保证情报的准时送达。

1. 邮驿

从商朝开始，便建立了"驿传"制度。周代在官道上每隔三十里设一驿，专门负责传递官府文书情报，形成了一套较为完整的邮驿制度。秦代颁布了《秦邮律》，汉代建立了完整的邮传系统，每三十里设一驿站，十里设一邮亭。唐代全国有驿站一千多处，人员五万以上，驿传速度可达一天三百里以上。宋代将邮驿进行军事化管理，还建立了急递铺，情报传递最快每天可达五百里。从宋朝到清朝，邮驿一直是官方传递公文、信息和情报的主要途径。

古代由于科技不发达，古人有时也会利用驯化的动物传递情报。历史上用信鸽传递情报的例子很多，训练有素的军鸽可以很好地完成传递情报的工作，甚至在二战中这种方式仍有出现。

2. 烽火狼烟

利用烽火信号传递情报是古代常见的一种情报传递方式。烽火也叫"烽燧"，白天燃烟为"烽"，夜间点火为"燧"。为了使烟能远远被望见，古人常在薪草中加入狼粪，使燃烧的烟又直又浓，故有"狼烟"之称，如图 1-7 所示。不同的烽火代替着不同的情报内容。"烧一烟，则贼不至；烧二烟则尘起；烧三烟则贼至"，汉武帝时，卫青和霍去病率军分头攻击匈奴，

以举放烽火作为进军的信号，短短一天之内，情报就从河西传到千里以外的
辽东。

图 1-7　烽火狼烟

1.2.2　近代：萌芽期

在近代以前的漫长历史时期，由于科学技术发展水平的限制，侦察手段
相对原始和落后，获取情报主要依靠人力侦察。这一时期虽然出现了一些简
单的侦察器材，如陆战中用于登高侦察的巢车和望楼车，但这些仅仅提供了
瞭望、观察的条件，并没有超出靠人的感觉器官获取情报的基本手段。而近
代科技的发展，促进了战争和军事科学的发展，不仅从根本上改变了人类进
行武装斗争的方式，也催生了真正意义上的军事情报技术。

1.2.2.1　通信技术的发展

19 世纪席卷欧美的工业革命，使军事技术领域出现了前所未有的突破。
机枪、火炮、坦克、飞机新式武器系统的不断出现并投入使用，提高了军队

的专业化程度，使军队的攻击力和机动能力显著加强，新的战术和战法层出不穷，对情报保障提出了更加直接的需求。在情报侦察技术领域，19世纪中叶至20世纪初电报机、电话、无线电等通信设备和手段的相继诞生，不仅"使战争升入了第四度空间"，而且标志着军事情报技术的划时代变化。

1837年，美国人莫尔斯发明了电报机。1854年，莫尔斯电报开始用于军事通信，截收有线电报随之产生。中日甲午战争期间，日本利用在天津等地的电报局、站，截获清朝政府与北洋水师之间的电报通信内容，以掌握清政府的军政动向。1876年，美国人贝尔发明了有线电话，此后有线电话广泛用于军事通信，电话窃听便成为获取情报的手段之一。

1895年，意大利人马可尼（图1-8）和俄国人波波夫分别成功地进行了无线电波传播实验，1899年无线电报开始用于军事通信。在1904年至1905年的日俄战争中，日军通过破译俄军无线电报获悉俄波罗的海舰队动向，对摧毁俄远征舰队起到了重要作用。从此，以匕首和斗篷为标志的时代一去不返，取而代之的是主要利用情报侦察技术获取情报的崭新时代，情报活动开始走上了"近代化"的道路。

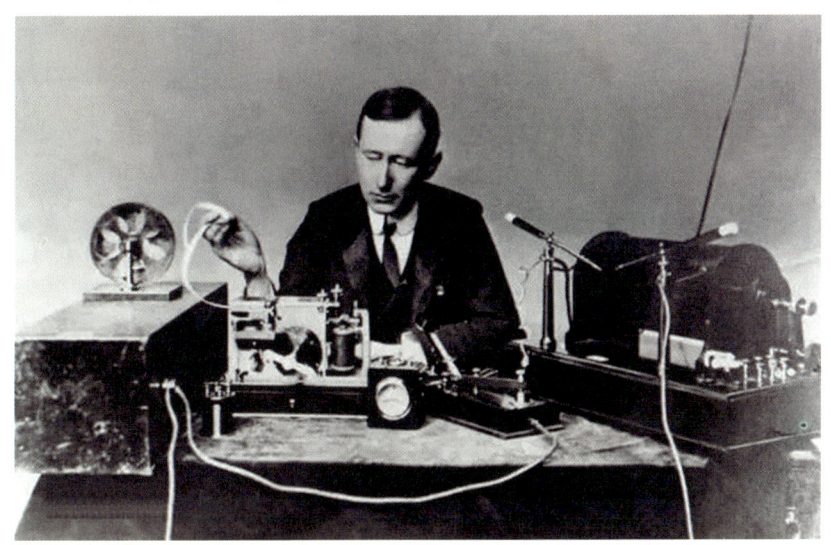

图1-8　工作中的马可尼

· **人物介绍**

– 马可尼 –

伽利尔摩·马可尼（1874—1937 年），意大利电气工程师和发明家，无线电通信创始人，被称为"无线电之父"。1895 年，马可尼在意大利用感应线圈和顶负荷无线电实现了 1.5 英里（1 英里约为 1.609 千米）的火花放电式莫尔斯电报实验。1896 年，马可尼在伦敦用气球和风筝升高天线，把无线电报连通的距离延伸至 4 英里，后来接近 9 英里。1897 年，他和助手进一步实现了岸台和船台间 12 英里的无线电通报。1899 年，马可尼成功地进行了跨越英吉利海峡的通信试验，同年 10 月在美国用无线电报从船台向纽约报道了快艇赛的实况。1901 年，他实现了从英国到加拿大的 2 000 多英里的跨洋通信，这开创了人类历史上无线电通信的新纪元。鉴于马可尼在无线电通信方面的杰出贡献，1909 年他被授予诺贝尔物理学奖。1937 年，马可尼在罗马逝世。

1914 年爆发的第一次世界大战中，情报工作的技术含量大大增加，无线电侦听和密码技术得到广泛应用。英、德率先建立了专业的破译机构，其他国家也相继建成了自己的无线电收发部门，将密码破译作为重要的情报来源。无线电侦听和密码破译技术的发展以及专门机构的建立，对推动第一次世界大战的进程发挥了至关重要的作用。例如，英国霍尔海军上将领导的"40 号房间"成功破译了德国外长齐默尔曼的电报，揭露了德国为避免美国介入欧洲战事，正企图挑起美国同日本和墨西哥之间战争的阴谋，直接促成了美国参战，使得濒于精疲力竭的协约国获得了一支生力军，确保了战争结局朝着有利于协约国的方向发展。

1.2.2.2　空中侦察的出现

随着航空技术、光学照相技术的发展，军事情报工作开辟了空中侦察这一新的领域。1794 年，法军运用气球进行目视侦察。1903 年，莱特兄弟进行飞行试验，世界上第一架飞机诞生（图1-9）。1911年，意大利军队使用飞机实施空中侦察。1912年，意大利军队在飞机上实施照相侦察。此后，空中侦察成为获取战争情报的主要手段。

图1-9 世界上第一架飞机首飞成功

空中侦察的出现，使侦察手段向立体化方向发展，侦察区域进一步扩大，对军事情报工作发展产生了重大影响。第一次世界大战期间，空中侦察得到广泛应用。为攻破绵延的防线和障碍，有效掌握敌军配置地域的情况，参战双方都尝试依托飞机、气球、飞艇等进行侦察。据统计，到大战末期，大约有35%的飞机被用来执行侦察任务。

此外，用于间谍个人单独作业的技术装备也有了很大的发展，显微胶片、显影墨水、窃听装置、摄影器材等均得到了大量应用。

1.2.3 二战：成熟期

一战后，军事技术进入一个发展更快的阶段，军事情报技术同样以更加迅速的方式发展成熟，并在二战中展现得淋漓尽致。第二次世界大战是人类历史上规模最大的、真正全球性的战争，也是第一场真正意义上的机械化战争。二战期间，各国军事情报斗争达到了空前激烈的程度，雷达、无线电、光学、声学等侦察技术取得了重大突破，也极大地增强了部队的作战能力。

1.2.3.1　密码技术的成熟

19 世纪末至 20 世纪初，电报的出现使密码编制结构得到革新，无线电则把密码分析作为一个重要因素引入世界。第二次世界大战促进了密码技术的成熟，实现了密码编制的机械化和密码分析的数学化。

战争中，数目巨大的电报必须通过无线电通道发出，而手工加密很难对付大量电报；另外，简单的频率分析也不足以对付一战后期出现的 ADFGVX 密码。因此，从 20 世纪 20 年代开始出现一些急需的工具和思路。在密码编制方面，阿图尔·舍尔比乌斯、鲍里斯·哈格林等人发明的实用密码机使密码编制实现了机械化。而在密码分析方面，马里安·雷耶夫斯基、阿兰·图灵等人先后取得了突破。大量的数学家进入信号情报机构，充当密码分析人员。这些在 1939 年开始形成趋向，在二战期间加速，而在 1945 年达到顶峰。

二战中，以密码技术为核心的无线电信号侦察和信号保密工作快速发展，成为激烈斗争中的另一个特殊战场。各主要参战国都投入了大量的人力、物力进行侦察，并获取了大量的情报。战争中，盟国对德国"恩尼格玛"密码的成功破译，以及美国对日本外交电码"紫密"的破译，对加速反法西斯战争胜利的进程起到了难以估量的作用，被认为是"这次战争中的一项最重大的突破"。某款"恩尼格玛"密码机如图 1 – 10 所示。

1.2.3.2　雷达技术的发展

第二次世界大战期间，雷达从一种单纯的防御报警仪器发展成为用途极广的技术兵器，同时也作为新的情报搜集工具在战争中大显身手，成为一种重要的侦察手段。

1935 年，英国人罗伯特·沃特森·瓦特研制出了第一台真正具有实用价

图 1-10 "恩尼格玛"密码机

值的脉冲雷达。1936 年，英国开始在其本土东南部沿海部署对空警戒雷达网。1938 年，英国研制出了机载对海搜索雷达，并且在邻近法国的本土海岸线建立起一条包括 50 多个海岸雷达站的雷达预警链，可以探测到 160 千米以外飞机的方位和范围。

二战期间，雷达侦察用于实践并迅速发展。英国能够守住英伦岛并取得空战胜利，其中一个重要原因就是其雷达侦察形成了对空警戒情报网。特别是在用雷达进行反导弹袭击战中取得了胜利。在不列颠海战中，依靠破译"恩尼格码"密码获得的德国空军情报和雷达情报，英国空军战斗机司令部可以准确地了解德国空军出现的大致时间和地点，从而可以把有限的兵力投到最关键的地方。在大西洋海战中，护航船队的雷达成为其先敌发现、先敌攻击的有力武器。

战争实践促使雷达技术迅速走向成熟。就雷达使用的频段而言，战前的技术只能达到几十兆赫兹，而 1940 年，英国科学家发明了工作在 3 000 兆赫兹频率、10 千瓦脉冲峰值功率的磁控管。另外，雷达的体积也越来越小，开始向小型化发展。1940 年 5 月，美国陆军通信兵成功地研制出固定式和可移动的雷达设备；同年 9 月，英国科学家亨利·泰萨德带领一个科技团队来到美国，开始了军用微波雷达的合作研究，不久即取得突破。微波雷达具有测量精度高、体积小、操作灵活等优点，使雷达的用途拓展到武器控制、炮位瞄准、投弹瞄准等方面。此后，引导雷达和目标指示雷达、炮瞄雷达相继问世。其中，炮瞄雷达能连续测定空中目标，大大提高了高炮的命中率。1944 年，德国对伦敦发射导弹攻击的时候，英国空军最初需要 1 000 发炮弹才能击中一枚导弹，但使用这种瞄准雷达后，50 发炮弹就可击中一枚导弹。

1.2.3.3 声呐技术的发展和航空侦察的普及

声呐技术发明于第一次世界大战期间。1916 年，法国物理学家 P. 郎之万及其合作者利用电容发射器和碳粒微音器进行了回声声呐实验，并收到了海底回波和距离 200 米处一块装甲板的回波。1917 年，主动声呐侦测的距离达到 1 500 米。一战后，声呐技术不断发展。1925 年，开始出现以回声方法测定深度的船用测深仪。1935 年，研制出了几种型号的适用舰艇的声呐，并陆续列装。二战期间，声呐侦察得到广泛应用，航空声呐和海岸声呐相继问世，战争末期还研制出了带有显示器的声呐侦测仪。据统计，二战期间被击沉的潜艇中有 60% 是由声呐发现的。

与此同时，航空照相、图像判读等技术的快速发展，使航空侦察成为同盟国和轴心国重要的情报来源。据统计，第二次世界大战期间有用的军事情报中大约 80% 来自航空侦察，各国普遍认识到航空图像侦察的重要意义和作用。战后，美国曾对战争中的轰炸效果进行评估，得出的结论是：虽然第二次世界大战开始时人们对航空照相技术持冷淡和怀疑态度，但它最终成为太平洋战争中重要的情报来源之一；与任何其他情报来源相比，它在陆海空作战中发挥了更持久的重要作用。

1.2.4　二战后：飞速发展期

纵观人类情报史可以发现，第二次世界大战后至今的 70 多年是情报侦察技术发展最快、突破最多的时期，从根本上改变了传统情报侦察领域的面貌。侦察技术的进步使侦察活动从陆上、水上、空中向太空、水下延伸，大大扩展了侦察覆盖范围；各类传感器空间分辨率和时间分辨率的不断突破，提高了目标信息的精确度，使侦察获得的各类信息更具实战意义；侦察信号的多样化，以及在电磁学、光学、声学等多个领域的延伸，使得可侦察的频率范围不断扩展，并可以通过优势互补来抵消自然环境造成的不利影响，或是有效反制敌方的反侦察措施。

1.2.4.1　探测技术的进步

二战后，随着光学材料技术、光电技术等的进步，一大批新的传感器如红外传感器、激光传感器、多光谱照相机、微光夜视仪、激光测距仪等应运而生，形成了更加丰富多元的侦察手段。一方面使人们可以克服夜间可见光不足造成的视觉障碍；另一方面可以使某些传统的伪装手段失去效用，从而增强战斗人员对战场环境的感知能力。

以夜视技术侦察为例。夜视技术侦察主要由两种技术构成：一是红外夜视技术，二是微光夜视技术。红外辐射最早于 1800 年被发现。第二次世界大战之后，许多国家都很重视红外技术的发展。20 世纪 60 年代，红外夜视技术用于航空侦察，70—80 年代用于航天侦察，现已广泛应用于轻武器、火炮、坦克、车辆、飞机、舰船、战术导弹的夜间观察瞄准、驾驶及火控系统等。此外，还形成了机载和星载红外侦察系统，用于战术侦察和战略侦察，特别是对战役、战术导弹与战略导弹的侦察。微光夜视技术发明于 1936 年。美国研制的第一代微光夜视器材于 20 世纪 70 年代装备部队。1982 年，英军在英阿马岛战争中动用这类微光夜视器材进行了夜战，并收到了较好的效果。20 世纪 70 年代末，美国研制出了第三代微光夜视器材，并于 90 年代在海湾战争中广泛用于夜战。夜视技术侦察克服了夜暗的障碍，使全实时侦察成为现实。某款微光夜视仪如图 1 – 11 所示。

图 1 – 11　微光夜视仪

与此同时，传统的雷达技术和无线电技术发展也一日千里，竞争激烈，使电子战手段几乎成为一种"决定性的武器"。雷达技术方面，在雷达高频系统、信号处理系统和雷达终端系统各领域都出现了一大批新技术，研制出全相参脉冲雷达、脉冲压缩雷达、脉冲多普勒雷达、三坐标雷达、合成孔径雷达、相控阵雷达等新型雷达装置。无线电信号侦察则从短波、超短波向长波、超长波以及微波乃至光纤方面迅速发展。在通信信号方面，除传统的领域之外，还向数据、语言、图像等方面发展，并提出了传输保密一体化以及电磁辐射保密等问题；在非通信信号方面，随着导弹技术、卫星技术的发展，又提出了遥控、遥测信号的侦察问题。密码设备也发生了变革，密码机迅速电子化，而作为辅助工具的制表机则被电子计算机所取代，密码技术随之进入了自动化、电子化的新时代。

1.2.4.2　侦察平台的拓展

至第二次世界大战结束，地面、空中和水上、水下侦察平台均已出现，但发展水平仍处于初级阶段。第二次世界大战结束后，热战变成了冷战，但斗争范围却有增无减。以美苏为主的"交战"双方纷纷改进旧的侦察平台，发展新的侦察平台，以便战时能对更广阔的战场区域进行侦察和监视。

这其中，最主要的就是提高了对航空航天侦察的重视程度，在该领域投入大量人力、物力，大力发展航空航天侦察平台和图像判读技术。二战后，以各种飞机为主的空中侦察平台得到了快速发展，成为现代情报侦察活动的主力军，主要包括有人/无人驾驶的侦察机、预警机、侦察直升机等，其活动领域涵盖了高空、中空、低空、超低空等不同高度。

1957 年 10 月，苏联发射了世界上第一颗人造卫星，从而揭开了航天侦察的序幕。1958 年 1 月，美国发射了"探险者 1 号"试验侦察卫星；一年后，又发射了第一颗试验照相侦察卫星"发现者 1 号"；1960 年 8 月，又发射了"发现者 13 号"，并回收了胶卷舱。可以认为，航天技术一开始就被用于军事情报活动了。多年来，空间侦察平台得到了很大发展，既成功研制和发射了照相侦察卫星、电子侦察卫星、预警卫星、核爆炸探测卫星、海洋监视卫星等各种类型的侦察卫星，又成功研制发射了身兼数任，能同时进行空中摄影、导弹预警、核爆炸探测以及侦收雷达和通信设备之类的无线电信号的卫星，而且还在星上传感器方面实现了提高照相分辨率、三维立体侦察、实时或近实时图像传输等多项技术突破。航天侦察的实现，把侦察空间推向了太空，使人们可以轻松地在全球范围内实施大面积、高速度、不受国界限制的"合法"侦察，大大提高了情报侦察的时效性和安全性，使情报侦察活动几乎可以到达人类战争活动所能触及的所有空间。如今，航天侦察已成为军队指挥控制系统的重要组成部分，并且在历次局部战争中都发挥了重要作用。

• **知识延伸**

－ "锁眼" 卫星 －

"锁眼"卫星是美国最新型的数字成像无线电传输卫星，它的地面分辨率高达 0.1 米，卫星上的红外设备加装了红外热成像仪，从而增强了红外探测能力。这意味着"锁眼"卫星能够侦测到导弹发射，识别利用树林和灌木丛进行的伪装，并可对付可能出现的激光反卫星武器、高空核爆炸和动能反卫星武器等，提高卫星的生存能力。

美国的"锁眼"（KH）系列已经发展了多种型号，为美国提供了重要的军事侦察能力，并为美国建立全球地理信息系统与全球地理框架提供了重要的基础与支撑。目前在轨服役的"锁眼"12号（KH-12）是当今世界上"眼力"较好的光学成像卫星之一，绰号为"高级水晶"。"锁眼"12号是在"锁眼"11号的基础上改进而成的，采用了与"哈勃"空间望远镜一样的成像方式，可在计算机控制下随视场环境灵活地改变主透镜表面曲率，从而有效补偿因大气造成的观测影像畸变。美国的"锁眼"11号、"锁眼"12号在近几场局部战争，特别是在海湾战争和科索沃战争中大出风头，为美军赢得胜利立下了"汗马功劳"。不过，"锁眼"12号并不是十全十美，也存在一些缺陷，除无法在有云雾等天气不好的时候工作外，其时间分辨率也不高，即对敏感地区重访周期较长，难以随时提供针对目标区域的所需信息来直接支持军事行动。美国"锁眼"12号结构如图1-12所示。

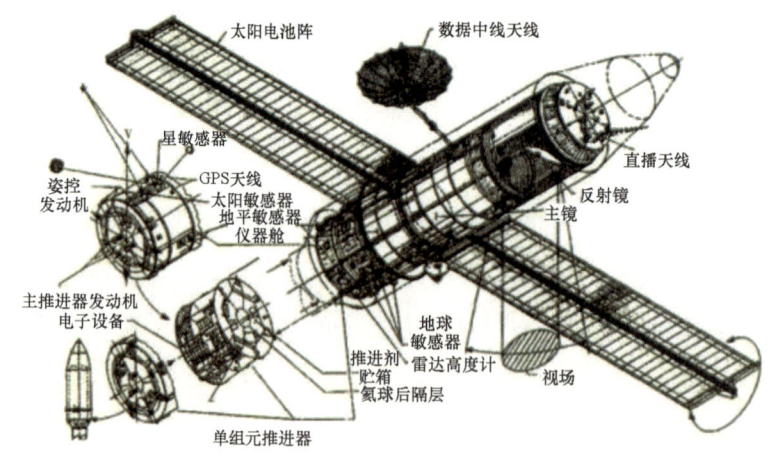

图1-12 美国"锁眼"12号结构

1.2.4.3 网络侦察的产生与发展

所谓具有划时代意义的情报技术与装备，无非体现在两个方面：一是使侦察情报活动空间取得质的突破；二是使情报信息传输速度有大幅提升。而这两方面，互联网都做到了。作为一种新兴的情报搜集手段，网络侦察从产生到发展再到现在的"泛滥成灾"，不过短短数十年的时间。

网络侦察是信息时代的产物，是信息全球化的结果。随着技术发展突飞猛进，计算机技术特别是网络技术的发展进入了一个新的发展时期，网上的资料多种多样，通过网络来获取军事斗争所需的情报资料成为可能。此外，通过破译对方的密码系统、利用对方网络软件漏洞等方法非授权地获取情报资料也常有发生。

1972 年，TCP/IP 协议发明，促进了阿帕网的完善和普及，网络侦察由此出现。1983 年 TCP/IP 协议得到推广后，出现了真正意义上的互联网，比较典型的利用网络主动获取情报的案例开始出现。这一时期，许多国家的情报部门开始重视通过网络获取情报资料并逐渐加大投入。20 世纪 80 年代初期，苏联克格勃曾雇佣 2 名少年通过卫星电话线路秘密进入美国贝克莱实验室的军工网络窃取情报，后在 1986 年被该实验室以 75 美分的账目变化查获。这就是著名的"75 美分案"。80 年代中后期，美国和以色列合作，把早期搜索引擎"普罗米斯"改造为后门木马程序，用以窃取网络中其他计算机存储的文档。

1989 年，万维网创立，世界进入国际互联网时代，网络侦察也进入大发展阶段，成为各国的主要侦察手段之一。科索沃战争前，南联盟进入北约尤其是美国政府和军方网络，获取了有关美军战斗机和巡航导弹等的资料，为开展反空袭作战提供了重要的参考依据。

"9·11"事件后，美国提出"网络战"的理念，赋予网络情报力量更广泛的职能与任务。受美国影响，世界各主要国家和地区在加强网络侦察建设的基础上，也纷纷开展网络战研究与实践。目前，美、俄、印、日等国都建立了自己的网络战部队。2009 年 10 月，美军成立了首个"网络司令部"。这意味着，网络侦察的功能已不再仅仅是搜集情报，而是直接成为作战行动的一部分，网络成为一个全新的独立作战领域。俄军更是明确将网络战称为

"第六代战争"。

1.2.4.4　情报传递手段的多样化

随着信息战争时代的到来，军事活动范围的扩大和节奏的加快对情报传递速度提出了更高的要求，多手段、高精度的情报传递技术成为必然需要。在此背景下，传统的短波传递技术不断更新升级，卫星传递、光纤传递等新技术相继出现。

卫星技术在20世纪60年代中期开始用于军事通信。由于具有建网容易、通信容量大、覆盖全球、不易受电离层变化影响等优点，卫星通信自问世以来就在军事情报传递工作中占据重要地位。在海湾战争中，美国在海湾的部队与其本土间90%的通信靠卫星传递。现在，世界各军事大国都有自己的军用卫星通信系统，用于军事情报的传递工作。随着空间技术的发展，卫星在军事情报传递中的作用将愈来愈重要。

光纤即光导纤维，光纤通信是以光波为载频，以光导纤维为传递媒介的通信。在信息战争时代，光纤通信是高速通信网的重要支柱。在信息作战中，信息量大，需要高速、大容量、高质的信息传递能力，光纤通信高速、宽带、高质的特点正好符合这种要求，已成为国防通信网的主要传输线路。美陆军从1982年起就研制野战光缆传输系统，用于野战地域的情报传递。

短波通信是发展历史较早的情报传递技术，在较长的一段时间里，是重要的甚至是唯一的技术通信手段，但卫星通信技术出现后，短波通信曾经未受到应有的重视。20世纪80年代初，短波通信重新受到重视，许多国家加大了对其技术的开发和研制工作。从情报的角度看，它可满足特殊条件下的情报传递需求，随着新技术的大量使用，短波通信的不足正逐步得以克服，其情报传递能力将提高到一个新的水平，在情报传递工作中发挥更大的作用。

1.2.4.5　情报分析处理的智能化

进入信息时代后，计算机技术的应用使情报处理与分析的速度大大加快，并向智能化方向发展。

一是情报处理的自动化水平不断提高。在以往的情报资料处理工作中，常常是"一瓶糨糊，一把剪刀"。资料管理多为基本的分类排序卡片，基本上是手工操作，速度慢、效率低，情报处理处于低层次水平。1959 年，美国的马里兰州海军实验室建立了世界上最早的电子计算机情报检索系统，用于情报资料的自动化管理。进入信息时代后，各种先进技术特别是计算机技术的应用使得情报资料处理速度不断提高，军事情报资料逐步向自动化方向发展。目前，军事情报资料管理基本实现了自动化。与此同时，多媒体技术的发展提供了处理除文字以外其他媒体信息的可能，情报处理进入了多媒体时代。

二是情报分析向智能化方向发展。在机械化战争时代，情报分析主要靠情报人员对情报资料进行分析、综合、归纳、演绎，是一种个体的脑力劳动。进入信息时代后，由于计算机的发展，情报的分析、判断、研究向自动化和智能化方向发展。20 世纪 70 年代，美国中央情报局成立了一个专门机构从事军事情报分析的自动化研究，如在计算机上实现苏联时期勃列日涅夫任苏共总书记时各加盟共和国领导人对其支持程度的分析，获取了较有价值的情报。但这只是利用计算机技术进行辅助性的研究，还没有达到实用阶段。人工智能技术为情报分析向智能化发展创造了条件。在情报处理系统中，人工智能可以参与情报资料的分类、积累、存储与检索，对情报的分析、判断、研究处于尝试阶段。从目前情况看，专家系统在情报研究方面有较大的发展前景，它可以模仿情报专家进行推理。

第 2 章

军事情报搜集技术与装备

　　情报工作的根本任务是根据一连串的流程来生产情报。这种生产情报的步骤，在情报理论界一般被称为"情报周期"或"情报流程"。一般情况下，情报的生产流程需要经历确定情报需求、搜集、处理和利用、分析和生产、分发、使用与反馈等环节。对于已经明确的情报需求来说，搜集是情报工作的首要环节，在军事情报领域，情报搜集更多地被称为"侦察"。

　　侦察是进行正确决策的前提，是顺利实施行动的重要保证。侦察技术对于作战的胜负起着关键的作用，随着科学技术的不断发展，侦察手段不断更新，凡是人类所研究的最新最尖端的科学技术成果，如有可能，通常都首先用到军事侦察领域。除传统的人力搜集手段之外，雷达技术、无线电技术、光学和声学技术的发展为军事侦察工作的开展提供了巨大的助力。据统计，在第二次世界大战期间，有用的军事情报中大约80%来自航空侦察照相，这正是侦察技术应用的绝佳例证。

　　在现代信息化条件下的作战行动中，战场情况千变万化，作战样式转换迅速，伪装、欺骗等反侦察技术层出不穷，使得侦察情报的获取更加困难，对情报的实效性、准确性和连续性的要求更高。现代科学技术的发展不断催生出全新的侦察手段，侦察的时间域、空间域和频谱域都大大扩展。现代光学、电子学、电磁学、声学的进步，计算机技术、网络技术、通信技术、航天技术、传感器技术、自动控制技术等的发展，使得军事侦察的技术和装备水平有了极大的提高。侦察已经成为一个依靠多种学科门类的科技支持，涉及领域极其广泛，形成多层次、多种类系统的综合性情报搜集活动，在信息化战争中有着举足轻重的地位和作用。

2.1 侦察技术的基本原理

情报搜集过程中采取的技术手段称为情报、侦察与监视技术，其得名来源于英文 intelligence、surveillance 和 reconnaissance，一般简写为 ISR 技术。情报搜集的过程起始于获取来自感兴趣目标的信息，然后利用这些信息达到发现目标、识别目标、确认目标、监视和跟踪目标以及对目标进行定位等不同的目的。

2.1.1 侦察的基本过程

发现目标，就是要解决"有没有"的问题，需要通过对来自目标本身与来自目标所处环境，也就是来自背景的信息进行比较，将潜在的目标提取出来。识别目标和确认目标，就是要解决"是什么"的问题，需要通过分析来自目标的信息，识别目标的种类和具体的型号等特征。监视和跟踪目标，就是要解决"在干什么"的问题，需要持续不断地搜集来自目标的信息，形成连续不断的搜集。目标定位，解决的是"在哪里"的问题，需要按照一定精度搜集来自目标的信息，获取目标的方位、高度或深度，以及距离等情况。

当代侦察监视，主要是利用现有成熟技术实现上述过程，其核心环节是获取来自目标及背景的信息。要准确获取和分辨出来自目标和背景的信息，需要利用不同的信息载体，这些信息载体主要是以各种能量或物质的形式呈现，换言之，当代侦察技术的核心目的就是获取来自目标和背景的能量或物质。目前，广泛应用的能量和物质主要包括电磁波（包含诸多波段，如可见光波段、红外波段、雷达波段、无线电波段等）、声波、磁场等。

来自目标和背景的能量或物质有两类。一类是目标和背景辐射出的能量，或目标本身散发出的物质，如热辐射，温度高于绝对零度（−273.15℃）的物体均会散发出热辐射；又如铁元素在地球磁场中携带的磁性。另一类是目标和背景反射的能量，如可见光，大多为目标和背景反射的太阳光或其他光源（目标本身发光除外）的能量；此外还有雷达波，为探测者主动发射的电磁波，经目标反射后的回波携带有目标信息。

来自目标的能量和物质并不能直接为搜集者获取，而是需要通过某种介质传播，传播介质一般包括空气、大地、海水等。除此之外，还需要能量转换装置，也就是各类传感器，将获取的来自目标和背景的能量或物质转换为易于处理和分析的形式，如电信号，然后利用显示或记录设备，将电信号转换成人类能够识别和理解的图像和信号等，从而完成情报搜集的过程。

简言之，技术侦察的一般过程是：使用传感器接收目标通过介质辐射或反射的某种能量或物质，并将其转换成人们能够识别的图像和信号，如图 2−1 所示。

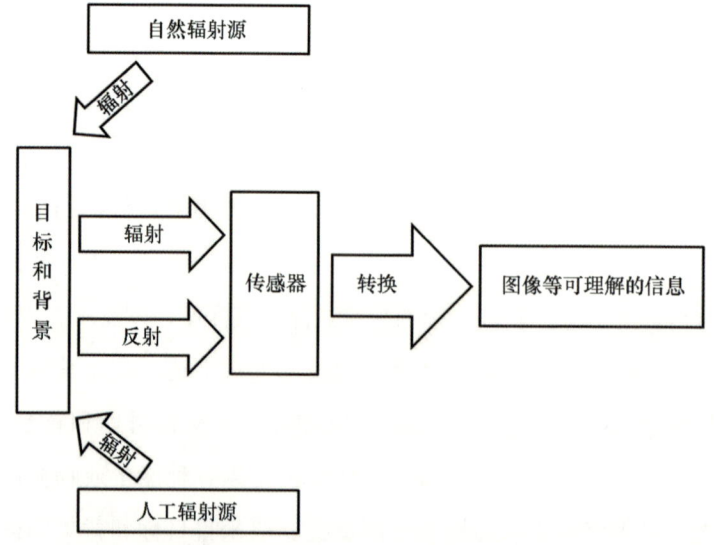

图 2−1　目标信息搜集过程示意图

2.1.2 侦察技术的分类

侦察技术的具体手段有很多，如航空侦察、卫星侦察、网络侦察、雷达侦察、红外侦察等，为了便于系统、深入地研究各种不同的情报获取技术，必须要对侦察技术进行分类。

情报研究对于侦察的分类方法有很多，大多是从情报用途、情报类型、使命任务、能量来源、目标类别、技术途径、搭载平台等不同角度来进行。比较常见的有以下几种。

按情报用途分类，侦察可分为战略侦察、战役侦察和战术侦察。其中战略侦察是指为获取国家安全和战争全局所需情报而进行的侦察；战役侦察是指为获取战役行动所需情报而进行的侦察；战术侦察是指为获取战斗行动所需情报而进行的侦察。

按情报类型，侦察可分为人力情报侦察、图像情报侦察、信号情报侦察、测量和特征情报侦察、公开源情报搜集、科技情报搜集、反情报侦察等。

按使命任务，侦察可分为电磁频谱监视、战场侦察与监视、目标监视、海洋监视、导弹预警、核爆探测，以及水下探测等。

按能量来源，侦察可分为无源侦察和有源侦察两类。无源侦察指的是搜集目标自身辐射或反射其他辐射源的能量；有源侦察指的是传感器主动发射能量并收集反射的能量。

按目标类别，侦察可分为实体目标侦察和非实体目标侦察两类。实体侦察对象一般为飞机、车辆、舰艇等有形目标，非实体侦察对象一般为无线电波、雷达辐射等无形能量。

为进一步地对侦察技术和装备进行细化研究，分类必须保证各子类别间含义基本不重叠，同时区分后有利于简化问题。如此看来，以上对侦察的分类方法虽然均有各自的道理，但各个子类别中采用的侦察技术大多存在交集，也不能有效解剖问题。

因而，本书对于情报获取技术的分类，主要基于两个维度考虑。一是根据不同的侦察技术原理，也就是依据不同的传感器技术，将侦察技术分为光学侦察技术、信号侦察技术、雷达侦察技术、声学侦察技术和计算机网络侦察技术。二是依据不同的侦察平台，将侦察技术分为航天侦察技术、航空侦察技术、地面侦察技术和海上侦察技术。

2.2 传感器技术与装备

在整个侦察监视系统中，传感器的作用举足轻重，它们担负的任务是将目标和背景辐射或反射的能量或物质转换为系统和人类可识别与处理的信号。侦察监视系统采用的传感器技术依据不同的原理，主要有光学传感器、雷达、信号侦察设备、水声侦察换能器等，涉及的主要技术包括光学技术、无线电技术、微波技术、声呐技术等，这些技术在军事领域的落地，衍生出一系列典型的技术侦察装备。

2.2.1 光学侦察

光学侦察是发展历史最为悠久的侦察技术，主要是利用目标和背景反射或辐射的光学波段电磁波的差异来获取目标的信息，主要手段有目视观察、成像侦察、视频侦察、微光侦察和激光侦察等。主要利用的技术包括可见光、多光谱、红外、微光和激光等。

2.2.1.1 可见光侦察

早在 19 世纪，人们就发现可见光是电磁波的一种，区别仅在于波长的不同，如图 2-2 所示。

在可见光的光谱中，不同波长引起不同的颜色感觉，具有单一颜色（理想情况下指单一波长）的光称为单色光，红、橙、黄、绿、蓝、靛、紫七种单色光按一定比例混合即可得到白光。光的传播速度与电磁波一样，在真空

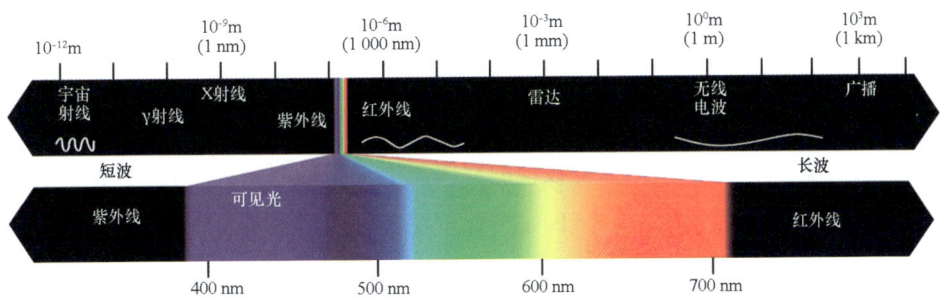

图 2 - 2　可见光波段

中传播速度为 3×10^8 米/秒。可见光的传播遵循以下原则：一是在均匀透明介质中沿直线传播；二是光线遇到两种不同介质的界面（如空气和玻璃）会发生反射和折射；三是由于波粒二象性，光波亦会发生衍射。可见光侦察设备即利用光线的上述特性搜集来自目标区域的光波。可见光侦察设备可分为光学观察设备、可见光成像设备、电视侦察设备等。

1. 光学观察设备

严格来说，光学观察设备不属于传感器，因为从原理上来说，光学观察设备并未经过能量转换，但光学观察设备属于最基本的军事侦察仪器，因此将其归入可见光侦察技术之中。

光学观察设备指帮助人类用肉眼观察目标的侦察器材，主要包括望远镜、潜望镜、光学测距仪等。这些仪器设备均是利用光线的折射和反射原理来增强人类的目力观察效能。

其中望远镜可放大人眼对所观察物体的视角，帮助看清肉眼看不到的细节，用以观察目标以及进行方位角、高低角的概略测量。目镜采用负焦距透镜组的望远镜称为伽利略式望远镜，为最早出现的望远镜，用它观察到的是物体的正像，这种望远镜视场较小，放大率一般只有 2 ~ 4 倍，而且不便安装分划板，不适合军事侦察。目镜采用正焦距透镜组的望远镜称为开普勒式望远镜，用它观察到的是物体的倒像，需在物镜和目镜之间安装转像棱镜以得到正像，这种望远镜可安装分划板，手持军用望远镜多属此类。一些大型望远镜，如固定式高倍率望远镜，多采取反射镜与透镜组合，成为反射望远镜。

军用手持式望远镜依据转像棱镜的不同，可分为保罗棱镜式和屋脊棱镜式，如图2-3所示。使用保罗棱镜的双筒望远镜物镜间距大于目镜间距，视野较大。我军95式军用望远镜即采用保罗棱镜。使用屋脊棱镜的双筒望远镜物镜和目镜位于一条直线上，因而较为紧凑。美军使用的M24型军用望远镜即采用屋脊棱镜。

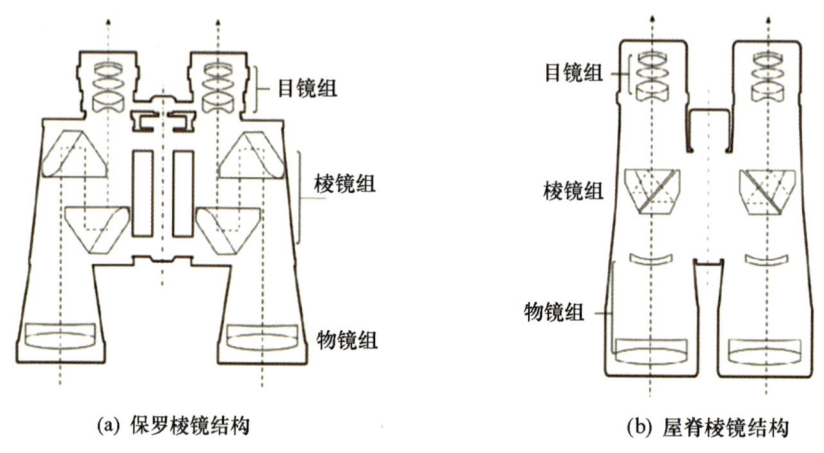

（a）保罗棱镜结构   （b）屋脊棱镜结构

图2-3　军用手持式望远镜结构

潜望镜可使观察者在相对隐蔽和安全的位置观察不直接在视线内的目标。潜望镜按军事用途可分为步兵、炮兵、坦克和潜艇潜望镜。最简单的潜望镜由相隔一定距离的上、下两个倾斜45°平行反射面的反射镜或反射棱镜构成，如图2-4所示。一般军用潜望镜均由上、下反射镜（或棱镜）与有一定放大率的望远镜系统构成，为减少光在管内的损失，一般会增加场镜组用于集光。

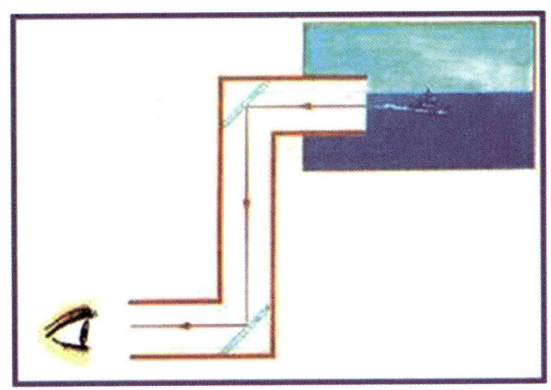

图 2 - 4　简单潜望镜示意图

• **知识延伸**

- 世界上最早的潜望镜 -

　　我国古代一些庙宇的屋檐下，经常会挂着一面倾斜的青铜镜，其作用主要是便于古刹里的僧人观察外面的情况。当有访客从山下走上来时，僧人通过镜面反射的影像即可知晓。中国有 4 000 多年的制镜历史。古代的镜子主要用青铜制造，磨光而成。

　　早在公元前 2 世纪，我国劳动人民就利用平面镜的反射原理制造了世界上最早的潜望镜。《淮南万毕术》一书中有记载："高悬大镜，坐见四邻。"东汉高诱注《淮南万毕术》时指出："取大镜高悬，置水盆于其下，则见四邻矣。"这明确告诉了我们制作简单潜望镜的方法。

　　《淮南万毕术》是西汉淮南王刘安及其门客的作品，其中涉及很多物理化学方面的科学知识。刘安及其门客根据光的直线传播与反射原理，发明了世界上最早的潜望镜装置。利用潜望镜装置，不出门就可隔墙观察墙外的景物，如图 2 - 5 所示。这个装置的结构虽然看起来简单，但是它对后人的影响深远。

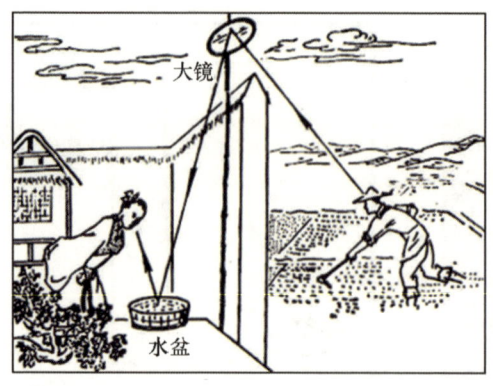

图 2 - 5 古代潜望镜装置

. . . .

　　光学测距仪在军事上广泛应用于侦察、打击、测绘、导航等。光学测距仪又称为被动式测距仪器，主要依据几何原理测距，即依据等腰三角形的底边（测量基线）及其所对之顶角（视差角）求解此三角形的高（距离），如图 2 - 6 所示。

$$B = A/\tan\alpha$$

图 2 - 6 光学测距仪

2. 可见光成像设备

　　可见光成像侦察通俗来说就是照相侦察，是在光学观察的基础上更进一步，可记录和重复展现观察结果，是广泛使用的一种侦察手段，具有图像直观、信息量大、分辨率高、精度较高等优点。可见光成像侦察主要是利用光线折射原理，依靠镜头获取来自目标反射的光波在焦平面上成像，再利用胶片或可见光传感器记录侦察影像，如图 2 - 7 所示。用于军事侦察的照相机种类很多，但它们的基本原理与结构基本相同，都是由机身、镜头、光圈、快门、感光设备等组成。

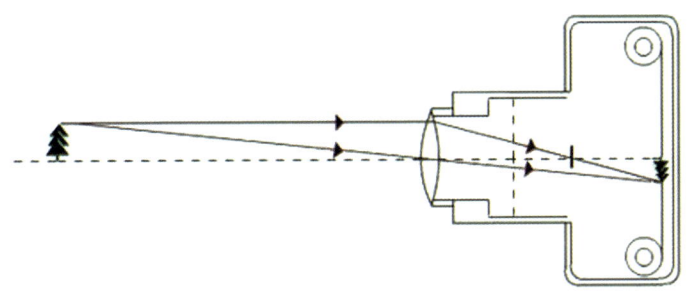

图 2 - 7　照相机成像示意图

当前，用于军事侦察的照相机大多为数字相机，其核心部件为光电转换器，即将光信号转变为电信号，从而实现数字化记录。数字相机的工作过程大致为通过镜头快门采集来自目标区域的光线，从而激活成像传感器，光电二极管将接收到的光量子转换为电信号，通过放大器放大，再通过数字信号处理器处理成图像数据，最后将数据存储于数字存储介质中。

目前主流的光电转换器分为电荷耦合器件（charge coupled device，CCD）和互补金属氧化物半导体（complementary metal oxide semiconductor，CMOS）两种。其工作原理均是由半导体材料将感知的光信号转换为电信号，不同之处在于 CCD 是集成在半导体晶体材料上，而 CMOS 是集成在金属氧化物半导体材料上，两者的信息读取方式和速度存在一定差异。大体而言，CCD 技术起步较早，成像质量高，但成本高昂，大型 CCD 制造困难；而 CMOS 技术发展较快，功耗较低，制造相对简单，但成像质量略逊于前者。

光电传感器的主要参数有像元尺寸、灵敏度和光谱响应。像元尺寸指集成在阵列上每一个像元的实际尺寸，通常为微米级，像元尺寸越小，同样面积的阵列能够接受的光子数量越多，同等条件下产生的电荷数量也就越大，成像越清晰。灵敏度指传感器的光电转换能力，即在一定光谱范围内，接收的光信号与产生的电信号的比值，灵敏度越高，越能适应较暗的侦照环境。光谱响应指传感器对不同波长光线的响应能力。当然，获取图像的清晰程度还与侦照距离及相机焦距有关，侦照距离越近、焦距越长，获取的图像就越清晰。像元尺寸、灵敏度、光谱响应等参数共同决定了光学传感器最重要的指标——分辨率。传感器的分辨率有空间分辨率、辐射分辨率和光谱分辨率三种。空间分辨率指像元能够分辨目标尺寸的大小，如图 2 - 8 所示；辐射分辨率指传感器在接收光信号时能够分辨的最小辐射度差；光谱分辨率指传感器在接收光信号时能够利用的波段数目（通道数）。

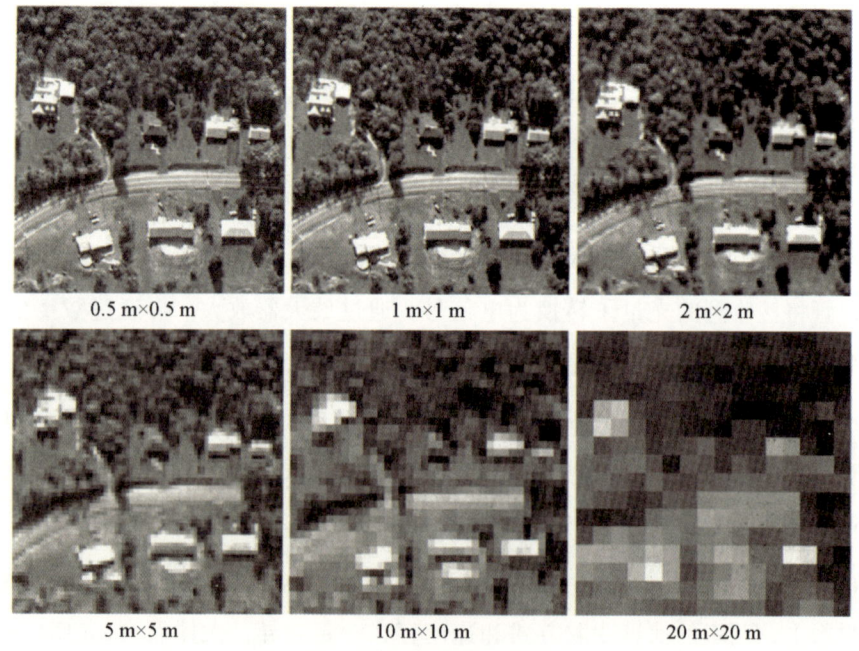

图 2 - 8   空间分辨率对比

将整个可见光波段作为一个通道来使用的传感器，即为全色传感器，它在工作过程中不区分波段，只是依据接收到的光的强弱形成灰度图像，即黑白图像。整个可见光波段作为一个通道来使用，光强较大，单个像元即便采用极小尺寸也能产生光电效应，因此空间分辨率最高。追求极致分辨率的侦察装备一般采用全色传感器，如美军的"锁眼"12 号（KH－12）成像侦察卫星搭载的就是高分辨率全色传感器。

早期的胶片成像相机，依据结构分为画幅式、全景式和航线式等，数字相机成为主流之后，均可通过数字图像拼接和校正技术达到全景和航线侦照的要求。

3. 电视侦察设备

电视侦察又称为视频侦察，是利用摄像机获取目标连续图像的侦察技术，以实况发送或录像的方式搜集目标区域信息。电视侦察最大的优点是实时性和连续性好，方便情报用户及时掌握动态的信息变化情况。因此，电视侦察技术也广泛应用于侦察和监视领域。

电视侦察的基本原理也是可见光成像，但更多的是基于红、绿、蓝三基色原理形成的彩色图像，分别选取 700 纳米的红光、546.1 纳米的绿光和 435.8 纳米的蓝光作为三种基色，以英文首字母组合 RGB 表示，RGB 三色以不同系数混色便可形成不同的颜色。

电视侦察系统一般包括摄像机、视频图像发射和接收设备、记录存储设备和显示设备。摄像机摄取侦察区域的图像经视频图像发射设备发送出去，视频图像接收设备接收到图像信号，通过监视器显示，同时可对图像进行有选择的记录存储，以备进一步分析和处理。

在发送端，摄像机将景物进行图像分解，完成时空、光电变换后再经视频处理电路形成视频图像信号送至信道传送出去。在接收端，视频图像接收设备收到信号后，将视频图像信号送入显示器还原成像。记录存储设备完成对图像信息的存储，存储工作可在发送端进行，也可在接收端进行。

当前，军事侦察采用的电视摄像机均为全数字式照相机，其核心传感器也是 CCD 或 CMOS。摄像的时候，被摄景物经镜头成像到传感器光敏区，形成光生电荷并存储到电极下方的势阱里，一帧记录结束时，加到成像区和存储区电极上的时钟脉冲使所收集到的信号电荷迅速通过读出电路输出，第一帧读出的同时，第二帧信息又收集到势阱中。如此反复进行，可以连续地读出摄取的图像信息，经后级视频处理电路形成视频信号输出。

2.2.1.2　多光谱侦察

多光谱侦察是将目标辐射或反射的各种波长的电磁波划分成若干窄的波段（光谱带），在同一时间内用传感器分别在各个不同光谱带上对同一目标进行照相或扫描，所得的信息可以是模拟的，也可以是数字的。

最常见的多光谱成像装置是彩色照相机。传统的胶片式彩色照相机对红、绿、蓝三个谱段的成像主要是通过胶片上三层感光乳剂涂层实现，基本原理是不同乳剂分子分别吸收不同波段的光子，从而混合出彩色效果。

进入数字时代之后，光学传感器 CCD 或 CMOS 是没有色彩分辨能力的，因为它们只是记录了像元中产生的电荷信号，相当于只记录了光子的强度，但并不能够反映光子的波长。如果需要在每个像元都输出红、绿、蓝三种颜色分量的数值，就必须给三种基色中每个颜色都配置一个光电传感器，分别记录红、绿、蓝三个波段的信号，通过数字处理给三个通道赋予红色、绿色和蓝色，从而形成彩色图像。

1. 多光谱成像

多光谱相机主要有多相机型、光束分离型和多镜头型三种。

多相机型多光谱相机即同时安装多台相机，每台相机分别设置不同的滤光片，用于接收目标在不同谱段的信息，多台相机同时对同一目标区域进行成像，各获得一个谱段的灰度图，以形成彩色图像。此类相机因体积庞大、结构复杂，目前较少使用。

光束分离型多光谱相机采用一个镜头，用多个三棱镜分光器将来自目标区域的光线分离为若干波段的光束，再用多套传感器将各波段的光线信息记录下来，如图 2-9 所示。这种相机效果非常理想，但由于采用多组传感器，价格昂贵、体积较大，一般在侦察平台上使用。

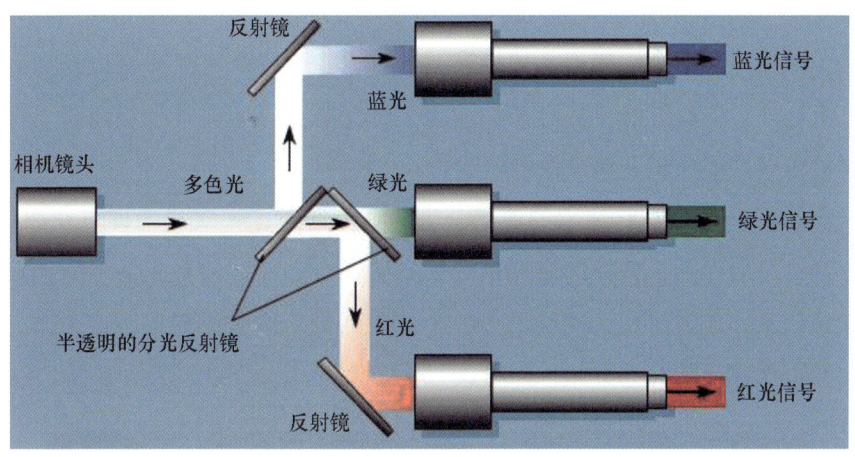

图 2 - 9　光束分离型多光谱相机示意图

　　多镜头型多光谱相机集成了多个镜头，每个镜头各有一个滤光片，只允许某一较窄光谱通过，多个镜头同时对目标成像，通过一个传感器完成光电装换，如图 2 - 10 所示。考虑到手持要求和价格因素，目前多采用单镜头多光谱相机，这种相机将滤光片镶嵌在每一个像元之上，让每个像元只记录单一谱段的信息，再通过差值算法估算其他通道的信息，从而实现多光谱成像。简言之，这是一种牺牲空间分辨率来换取光谱分辨率的选择。

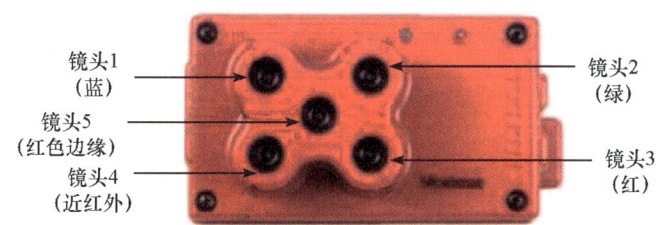

图 2 - 10　多镜头型多光谱相机

2. 高光谱、超光谱成像

　　多光谱成像装置的光谱分辨率一般在 0.1 毫米数量级，因此，大多数只针对可见光和近红外谱段。如果将成像的谱段进一步拓展，将光谱分辨率提升至 0.01 毫米级别，这样的传感器可以在可见光和近红外区域感知到数百个波段，即高光谱成像传感器。如果进一步将成像谱段从可见光波段拓展到紫外、近红外、中远红外，甚至微波波段，将光谱分辨率提升至纳米级，那么这样的传感器即为超光谱成像传感器。

比如将 400～1 000 纳米的波谱分为 300 个通道，一次成像即可获取 300 幅不同谱段的影像，这样的高光谱数据是图谱合一的海量数据源，它同时包含图像信息和光谱信息，能够给出各个波段上每个像素的光谱强度数据，这样的数据被称为图像立方体，如图 2-11 所示。

图 2-11　图像立方体

取其中任意几幅影像分别赋予不同的颜色，可生成假彩色合成图像。由于不同物质在不同波段的反射和辐射能力差别较大，即每一种材料都具备独特的光谱曲线，因此利用高光谱假彩色合成图像能够更好地反映物体的材质，在军事应用中可有效鉴别出目标真伪、揭露伪装，如图 2-12 所示。

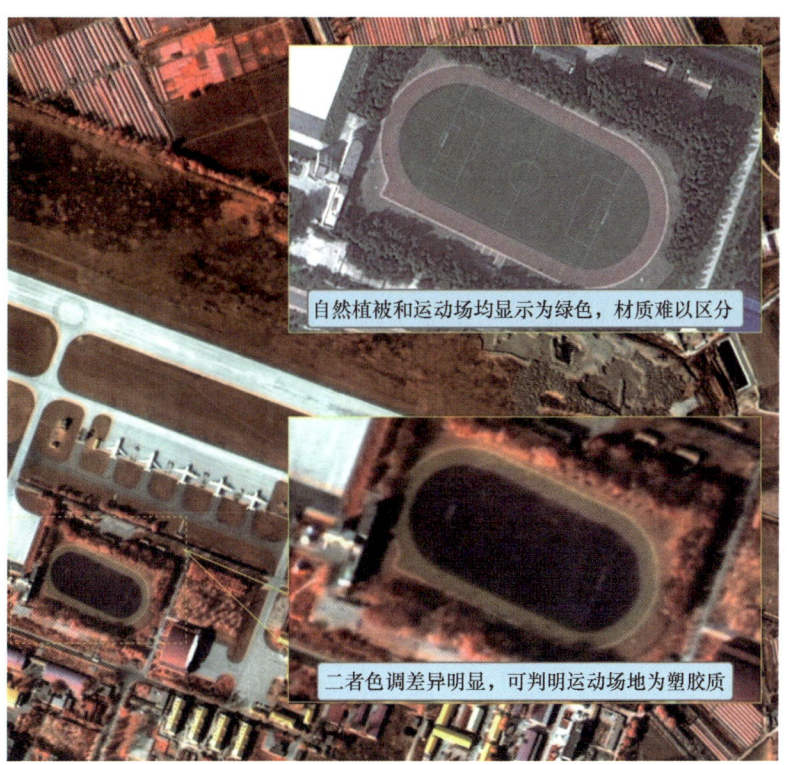

图 2 – 12　高光谱假彩色合成图像（下）与真彩色图像（上）的对比

3. 多光谱电视

多光谱电视的工作原理与多光谱照相机相同，一般采用的也是滤光片分光方式，但它得到的是连续的视频图像。当前用于信息获取的多光谱电视传感器也以电荷耦合器件（CCD）为主。

2.2.1.3　红外侦察

红外侦察技术是利用目标辐射或反射红外线的能量差异，借助红外传感器探测目标红外特征信息的技术。红外波段位于可见光和微波之间（0.76 ~ 1 000微米），是肉眼无法感知的电磁波。依据基尔霍夫定律，任何温度高于绝对零度的物体都在不断地向外辐射红外线，并且温度越高，波长越短；温度越低，波长越长。根据红外线的这些特征，可用某种设备把强度不同的红外线转换成人眼看得见的图像或数据来探测目标。

红外辐射一般可分为四个波段：波长 0.76 ~ 3 微米为近红外，如由亚原子的热运动产生的辐射；波长 3 ~ 6 微米为中红外，如由原子的热运动产生的辐射；波长 6 ~ 15 微米为远红外，如由分子的振动、旋转产生的辐射；波长 15 ~ 1 000 微米为极远红外，如由分子的旋转产生的辐射。

红外传感器接收红外线（红外光子），红外光子可直接把材料的束缚态电子激发成传导电子，引起电信号输出。信号的大小取决于吸收的光子数。红外光子的能量要达到足以激发束缚态电子的量级，这与波长密切相关，所以红外传感器有波长选择性。换言之，可以针对不同的红外波段设计传感器。

红外侦察就是利用传感器将目标和背景的红外辐射差异转变为肉眼能看见的图像或数据，从而提取情报信息的过程。依据是否产生图像，红外侦察设备主要分为成像红外传感器和非成像红外传感器两种。常见的成像红外传感器主要有红外照相机、红外夜视仪、热成像夜视仪等；不成像红外传感器只感受热源的存在方位，不形成目标的热图像，其侦察设备主要有红外预警探测器等。

1. 成像红外传感器

成像红外传感器从技术角度可分为直接红外成像和间接红外成像两类传感器。直接红外成像传感器主要针对目标反射的波长在 1.3 微米以下的红外线，将其转化为可见光图像；间接红外成像传感器主要针对目标本身散发的波长为 3 ~ 5 微米的中红外辐射以及 8 ~ 14 微米的远红外辐射，通过固体半导体材料将目标和背景辐射的红外能量转变成电信号，把电信号处理放大后，再通过显示装置转变为可见光图像。因为中远红外辐射又被称为热辐射，所以间接红外成像又称为热成像，可以精确反映物体温度分布。

用于军事侦察的成像红外传感器主要有红外照相机、红外夜视仪和热成像仪等。

红外照相机与普通可见光照相机的成像方式一样，不同的是采用只能透过红外辐射的锗制镜头，以及对红外辐射敏感的红外胶卷或感光元件。因红外相机大多针对近红外波段，属于直接红外成像的一种，目前单独使用越来越少，更多的是作为多光谱成像的一个谱段使用。

红外夜视仪是较早的一种用于夜间观察、瞄准和驾驶的夜视仪器，也工作在近红外波段，属于直接红外成像。红外夜视仪并不是探测目标自身辐射的红外线信息，而是用红外探照灯或带有红外滤光罩的白炽探照灯所发射的人眼看不见的红外辐射去"照亮"目标，然后通过红外变像管接收目标反射回来的红外辐射，在显示器上转变成可见光图像。因此，红外夜视仪是一种"主动式"装置，其工作原理如图 2 - 13 所示。红外夜视仪的探测距离与红外探照灯的功率有很大关系，当用 30 瓦的红外探照灯时，作用距离为 200 ~ 300 米；当用 500 瓦的红外探照灯时，作用距离可达 1 000 米。

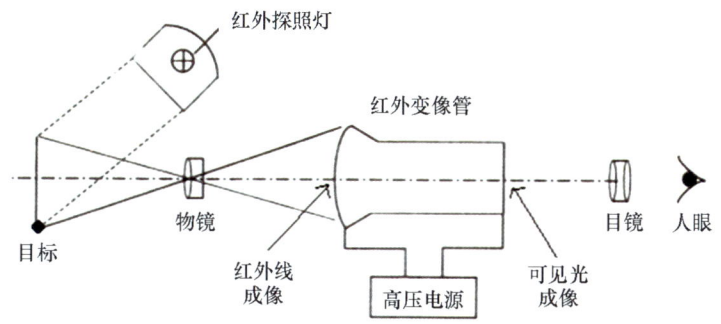

图 2 - 13　主动式红外夜视仪工作原理图

主动式红外夜视仪的主要缺点是易于暴露。因为红外探照灯是一个很强的红外光辐射源，在很远的距离也可被对方的红外探测装置轻易捕捉到，所以主动式红外夜视仪逐渐被热成像仪取代。

热成像仪又称作被动式红外夜视仪，由于无须使用红外探照灯去"照亮"目标，而是通过物体发出的热辐射形成影像，能够依据热辐射强度精准反映物体各部分的温度差别，如图 2 - 14 所示。当前较为先进的热成像仪均采用红外 CCD 焦平面阵列技术，即使用专门感知红外辐射的电荷耦合器件，其工作波段达到中、远红外波段。但由于大气对 3 ~ 5 微米和 8 ~ 14 微米这两个波段以外的红外线有强烈的吸收衰减作用，实际上热成像仪主要工作在上述两个红外波段（这两个波段称为红外线的大气窗口）。热成像仪的作用距离比较远，是较为理想的夜视器材。一般来说，用于手持观察和瞄准射击时，其作用距离为 2~3 千米；用于舰艇上进行水面观察时，其作用距离可达 10 千米；用于对空监视时，其作用距离可达 20 千米。

图 2 - 14 热成像仪显示的武装人员

热成像仪自身不发射红外波束，不易被敌方发现，并具有穿透雾、雨等进行观察的能力，也能将目标各部分之间或目标和背景之间的温度差别区分出来。当前的热成像仪温度分辨能力一般为 1℃，高的可达到 0.01℃。这对于判明目标的性质及其所处的状态是非常有用的。如图 2 - 15 所示，越战中停放在机场的美军 B - 57 轰炸机，左侧飞机机翼上的高亮度区域显示两架飞机发动机温度较高，从而揭示其状态要么是刚刚降落，要么是发动机点火试车。

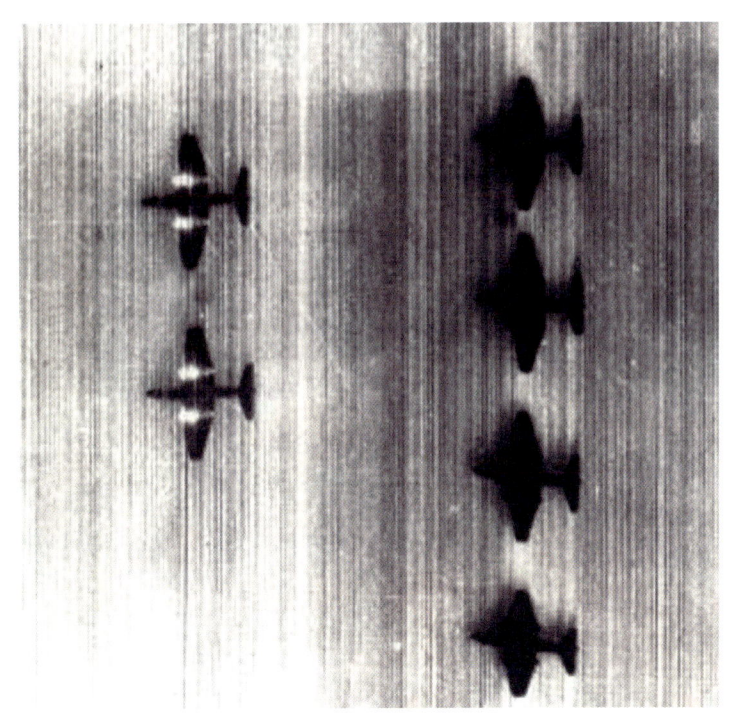

图 2 - 15　热成像仪获取的机场照片

2. 非成像红外传感器

非成像红外传感器是利用敏感元件，感受红外辐射源的存在及方位，把来自目标辐射源的红外能量转变为电能，然后形成一定的信号。因其并不形成目标的红外辐射图像，所以称之为非成像红外传感器。

在军事侦察领域，非成像红外传感器主要用于弹道导弹预警卫星的探测遥感装置，通过感受导弹发射时喷出尾焰的红外辐射，探测到导弹发射的信息。

2.2.1.4　微光侦察

肉眼产生视觉是视网膜上锥形细胞和杆状细胞受外界光线刺激的结果。锥形细胞可以感知外界景物的形状和颜色，具有很好的分辨能力；杆状细胞可以感觉物体的形状，但没有颜色感。白天物体的照度一般高于 1 000 勒克斯，在此条件下，锥形细胞受到正常刺激，可以清晰地分辨外界景物的形状和颜色，但当物体照度降到 10^{-4} 勒克斯时，锥形细胞停止工作，只靠杆状细胞观察景物，肉眼几乎无法观察。但是在照度极低的夜暗环境下，自然环境中还是存在少量的可见光，如月光、星光和大气辉光（高层大气受太阳照射而发出的光）等，这些夜天光，与太阳光、灯光相比十分微弱，所以又叫微光。微光侦察技术就是将目标反射的微弱夜天光进行增强，从而引起视觉反应的技术。具体的侦察装备主要有微光夜视仪和微光电视。

1. 微光夜视仪

微光夜视仪利用像增强器，将夜天光增强到人眼能够观察的亮度级别，其核心技术是像增强技术。像增强技术是通过光电放大原理将入射光的光子按一定倍率放大为光电子的技术，利用该技术制成的装置称为像增强管，又叫微光管，是微光夜视器材的核心部件。

典型的像增强管由光电阴极、电子透镜和显示屏三部分组成。光电阴极一般由砷化镓（或含铯等碱金属）材料制成，当光子投射到光电阴极时，阴极面内侧的光电发射材料发出电子，电子的密度分布与光子的数量成正比。电子透镜是设置在光电阴极与显示屏之间的静电场或电磁复合场，具有聚焦电子的作用，可增强穿过其中的电子能量将其加速，并将高速运动电子聚焦到显示屏上，这些电子通过轰击显示屏上的荧光物质产生光亮，从而可被肉眼观察。

微光管的光电效率是指其将入射光子转换成光电子的能力，转换数量多则效率高。光电阴极的效率在很大程度上取决于输入辐照源的光谱成分与光电阴极光谱灵敏度的匹配程度。在近红外谱段，很多军事目标对植物等背景的对比度增加，而大气造成的对比度损失相应减少。因此在微光管设计中，多采用近红外光电阴极。

第一代微光管增益较小，要采用三管级联增强，需要 3 万多伏的高压电源，因此体积较大，重量较重，而且像质也不理想，有明显的余晖，在遇到强光时图像严重模糊，还可能导致仪器损坏。

　　第二代微光管采用微通道板技术提高光电转化效率，同时工作电压降低了一个数量级，因此大大地减少了仪器的体积和重量，在遇有强光时，微通道板中的二次电子的作用达到饱和状态，因而对强光还有一定的抑制作用。

　　第三代微光管使用了砷化镓的半导体光电阴极材料，光电转化效率比一代和二代提高了一个数量级，光谱响应区间拓展到了近红外领域，相当于把微光夜视仪和红外夜视仪结合起来。

　　第四代微光管利用复合热红外光电阴极，将响应波长进一步延伸到中红外和远红外波段，相当于将微光夜视仪与热成像仪结合起来，如图 2 - 16 所示。但由于成本高昂，其应用范围不广。

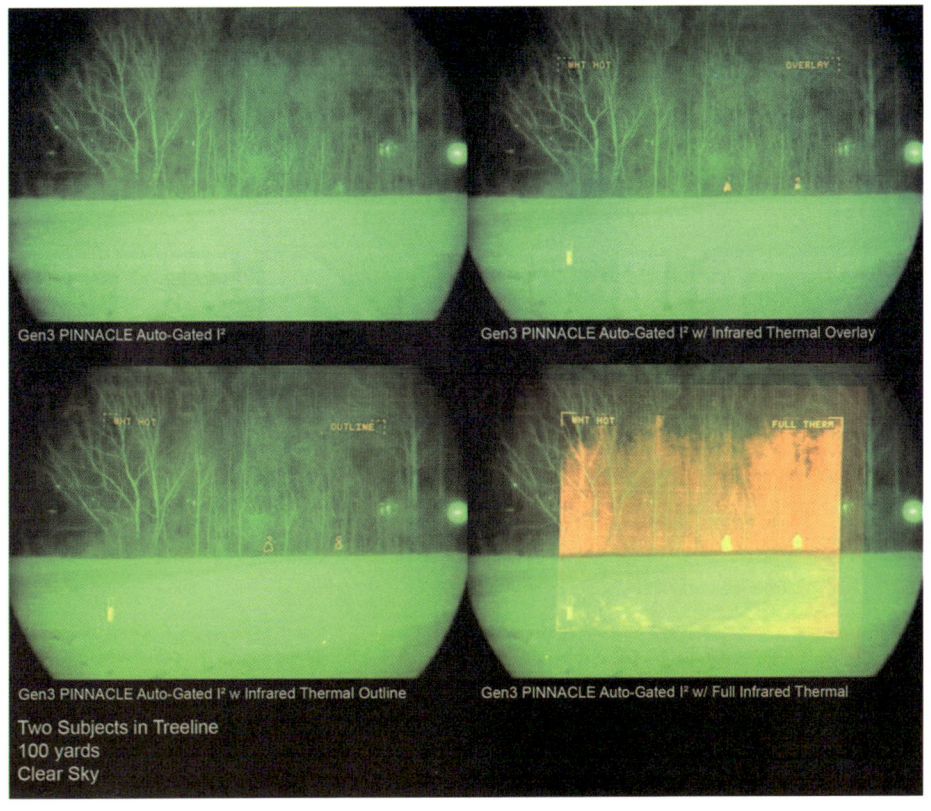

图 2 - 16　微光夜视与热成像叠加效果

新一代夜视仪利用 CMOS 技术，将放大后的电子流打在非常特殊的低照度 CMOS 上，经过高速模拟－数字电路转换成数字信号，随后在中央处理器中通过降噪算法，形成最终的全彩高分辨率画面。

2. 微光电视

微光电视是像增强技术和电视摄像技术相结合的产物，将摄像和显像分开，是一种间接观察的夜视设备。其主要由微光摄像机、传输通道和接收显示装置三部分组成。

微光电视可以把像增强器荧光屏上的图像再转换成电信号，传输到远处，显示在电视屏幕上，并且可供多人同时进行观察和实施战场监视、武器制导。微光电视的核心部分是微光摄像机。微光摄像机通常是带一级前置像增强器的电荷轰击硅靶摄像管、耦合二代或三代像增强器的碲化锌镉视像管，或带像增强器的电荷耦合器件等。微光摄像管是微光电视的关键技术。微光电视之所以能实现夜暗观察，关键在于它的微光摄像管感光灵敏度很高，能在夜暗环境中摄像。如果在微光摄像管的前面加装一级或两级微光管，将微光图像预先增强，然后投射到微光摄像管的光电阴极上，还可以进一步提高微光电视的观察灵敏度。

微光摄像机可以根据需要设置在不同的地点，如阵地前沿或各类侦察平台上，将摄取的图像实时传输至设在指挥所的显示器。一台摄像机可以同时向设在不同地点的多个显示器传输图像，使各有关部门能同时监视某一方向的情况。微光摄像机还可与红外传感器、激光测距仪等组成多功能的组合装置，大大提高其应用效率。

2.2.1.5 激光侦察

激光是处于激发状态的原子（或离子、分子）受辐射激发产生的光，可以是可见光，也可以是不可见的红外光或紫外光。激光与普通光有着本质的差别，它的特性可以概括为：单色性好，颜色特别纯；方向性强，光的发散角很小；相干性好，接近理想的相干光源；亮度极高，具有高功率密度。在军事侦察领域，激光具有广泛应用价值。利用激光作为搜集手段的侦察装备主要有激光测距仪、激光雷达等。

1. 激光测距仪

激光测距仪是以激光为光源对目标进行距离测量的装置。其基本原理是，在工作时由测距机内的激光器发出光束，射向被瞄准的目标，测距机内的光电元件接收从目标反射回来的激光束，计时器测出激光束从射出至接收到的时间，然后计算出目标距离，将计算结果直接显示出来。

激光测距仪的作用距离是衡量激光测距性能的重要指标，一方面要考虑战术任务的需要，另一方面还要考虑到作用距离受限于瞄准光学系统的放大倍率和气候、地形条件。一般而言，步兵用激光测距仪的作用距离为 5～6 千米，炮兵用激光测距仪的最大作用距离在 10 千米以上，对空测距仪的测距能力要求在 20 千米左右。激光测距仪的测距精度主要取决于产生时间标准脉冲的钟频振荡器的频率，步兵、炮兵用激光测距仪器选用的钟频通常为 15 兆赫兹或 30 兆赫兹，其相应的测距精度分别为 10 米或 5 米。

与光学测距仪相比，激光测距仪体积小、速度快、精度高，但较之雷达测距受天气条件影响较大。

将激光测距仪发出的激光进行调制和编码，即可作为激光目标指示器使用，编码激光经目标表面漫反射后，能够被激光精确制导武器感光元件捕捉，从而引导精确制导武器沿光束逆向准确飞向目标。

2. 激光雷达

一般所说的雷达是微波雷达，工作在电磁波的无线电波段，而激光雷达是工作在光波段的雷达。激光雷达的基本技术源自微波雷达，二者并无本质区别，它们在原理、结构和功能上都有很多相似之处，都是利用电磁波先向目标发射一个探测信号，然后将回波信号与发射信号比较，获得目标的有关信息，如目标位置（距离、方位和高度）、运动状态（速度、姿态）和形状等，从而对飞机、导弹等目标进行探测、跟踪和识别。激光雷达的工作原理如图 2 – 17 所示。

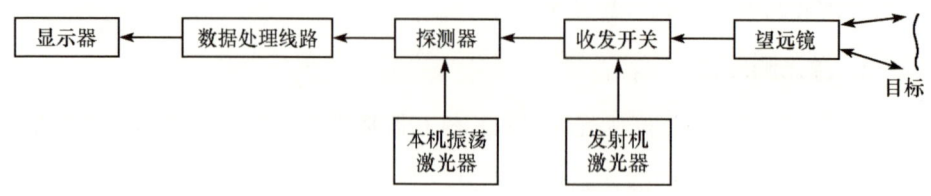

图 2 – 17　激光雷达工作原理

　　与微波雷达相比，激光雷达的工作波长小了 3 ~ 4 个数量级，且具有波束窄、方向性好、相干性强等优点，因此激光雷达具有以下特点：测量精度和分辨率高，抗电磁干扰能力强，隐蔽性好；在功率相同的情况下，比微波雷达体积小、重量轻。但由于激光雷达易受气象等因素的影响，因此不能完全取代微波雷达。

　　激光雷达按发射波形或数据处理方式，可分为脉冲激光雷达、连续波激光雷达、脉冲压缩激光雷达、动目标显示激光雷达、脉冲多普勒激光雷达和成像激光雷达等，其基本构成均包括发射、接收和后置信号处理及控制三个部分。发射部分由激光发射器、激光调制器、光束控制器和光学发射天线组成；接收部分由光学接收天线、光电探测器组成；后置信号处理及控制部分由预处理器、信号处理器、伺服系统和通信系统构成。

　　激光雷达在侦察方面可用于对各种飞行目标轨迹的测量，如对导弹和火箭初始段的跟踪与测量，对飞机和巡航导弹的低仰角跟踪测量，对卫星的精密定轨等。激光雷达可与红外、电视等光电装备相结合，组成地面、舰载和机载的火力控制系统，对目标进行搜索、识别和测量。由于激光雷达可以获取目标的三维图像（图 2 – 18）及速度信息，有利于识别隐身目标。

2.2.1.6　光学侦察应用案例

　　光学技术应用于侦察情报领域起步较早，光学侦察与人类视觉习惯相符，

图 2-18　激光雷达三维成像效果

从而具备其他手段所没有的直观性，因此在侦察情报领域扮演着重要角色，在陆、海、空、天等不同的场景中，光学侦察均发挥着重要作用。例如，在边境地区或战斗区域设立观察所和观察哨，是各国军队获取情报信息的惯常手段之一。在一般的观察所里，光学侦察装备的作用举足轻重，除高倍率望远镜等目视观察装备之外，往往还配备一定数量的视频侦察和红外侦察装备。美军在阿富汗战争中，针对塔利班游击队作战特点，在战场要地开设了诸多哨站，通常驻扎排级战斗单位，旨在监视附近地域阿富汗游击队的动向。2008 年 7 月 13 日，爆发激烈战斗的位于阿富汗努尔斯坦省瓦纳特村的"卡勒"前哨就是一个典型的美军哨站。该哨站主要侦察装备均为光学侦察装备，包括战斗员随身携带的望远镜，以及 2 套配备有热成像仪的 LRAS3 型远距离先进监视系统，LRAS3 采用了多传感器红外系统，能够在敌探测和火力范围外完成实施探测、监视和远程目标定位等任务。除此之外，在战斗中美军武器装备配备的光学观瞄设备，如"陶"式反坦克导弹配备的远距离热成像仪，也发挥了重要的侦察作用。

2.2.2 信号侦察

信号侦察技术是利用各种电子部件，运用相应的侦察设备，从侦察对象散射出的各种信号获取情报信息的技术。信号情报主要包括通信情报和非通信情报两大类。通信情报主要是针对对方无线电通信系统实施搜集活动所获得的情报信息；非通信情报是利用对方雷达、遥测、遥控、遥感、敌我识别、导航定位系统辐射的信号获取的情报信息。

2.2.2.1 通信侦察

无线电通信侦察是使用无线电收信器材，截收和破译敌方无线电通信信号，查明敌方无线电通信设备的配置、使用情况及其战术技术性能，以判明敌人编制、部署、指挥关系和行动企图，为制定电子对抗作战计划、实施通信干扰和引导火力摧毁提供依据。无线电通信侦察具有侦察距离远、时效快、工作隐蔽，受环境、地形、气候等自然条件影响小的特点。通信侦察基本任务是使用通信接收设备截获敌方通信信号，分析其技术体制，了解其通信网的组成，必要时侦听其通信内容，以判明其属性。

不同频段的无线电波以不同的方式进行传播，如超长波、长波利用地波传播，一般适用于潜艇通信、远洋通信、地下通信及海上导航等；中波以地波传播为主，天波传播为辅，主要适用于广播、航海、航空通信及导航等；短波若以地波方式传播，衰耗大，通信距离较短，若以天波方式传播，经过电离层反射能传播较远的距离；超短波若靠地波传播，通信距离很短，若靠空间波进行视距传播，则通信距离较长，当需要长距离通信时，可采用接力、卫星和散射方式；微波可用于视距内通信，当需要长距离通信时，同样可采用接力、卫星和散射的方式。由此可见，掌握了无线电波的传播特性，就可有针对性地对不同频段和距离上的各种不同无线电通信进行侦察，并可根据用途大体判断出敌方可能使用的频率，缩小无线电通信侦察的频率搜索范围。

1. 通信侦察的基本步骤

无论针对何种目的的无线电通信侦察，均遵循以下基本步骤与环节。

（1）通信信号搜索与截获

由于对方的通信信号是未知的，或者通过事先侦察已知敌方某些信号频率而不知其通信联络的时间，因此需要通过搜索寻找，以发现敌台信号是否存在以及是否有新出现的通信信号。截获信号必须具备三个条件：一是频率对准，即侦察设备的工作频率与信号频率要一致；二是方位对准，即侦察天线的最大接收方向要对准信号的来波方向；三是信号电平不小于侦察设备的接收灵敏度。

（2）测量信号的技术参数

通信信号的技术参数主要有：信号载频，或者信号的中心频率；信号电平，通常用相对电平表示；信号的频带宽度，可根据信号的频谱结构测量信号的频带宽度；信号的调制方式，根据信号的波形和频谱结构一般可分析得到信号的调制方式；电波极化方式等。此外，还有一些特有的技术参数，例如调幅信号的调幅度、调频信号的调制指数、数字信号的码元速率或码元宽度、移频键控信号的频移间隔、跳频信号的跳频速率等。

（3）测向定位

测向定位是利用无线电测向设备测定信号来波的方位，并确定目标电台的地理位置。测向定位可以为判定电台属性、通信网组成、引导干扰和实施火力摧毁提供重要依据。

（4）信号特征分析

信号特征是指信号的波形特点、频谱结构、技术参数以及电台的位置参数等。分析信号特征可以识别信号的调制方式，判断敌方的通信体制和通信装备的性能，判断敌方通信网的数量、地理分布，以及各通信网的组成、属性及其应用性质等。

（5）控守监视

控守监视是指对已截获的敌台信号进行严密监视，及时掌握其变化及活动规律。必要时可以及时转入引导干扰和打击。

2. 通信侦察系统构成

通信侦察系统一般包括天线、侦察接收机、分析设备、记录设备、控制设备、电源设备及其他辅助设备。其构成关系如图2－19所示。

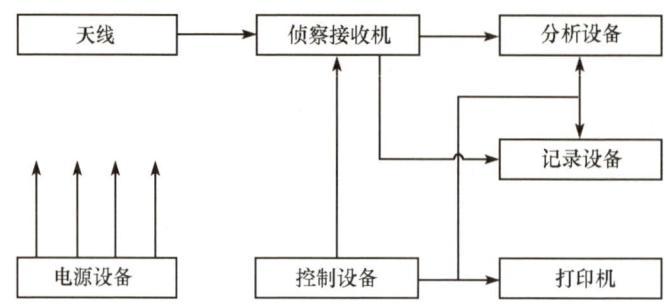

图2－19   简单的通信侦察系统构成

但若要完成信号搜索截获、参数分析测量、测向定位和通信情报分析全部功能则需要更加复杂的系统构成，需要设置针对不同频段的侦察天线以及天线共用系统，各频段宽带截获接收机、窄带识别接收机，还有动态和资源控制器、主控计算机、数据库服务器和数字音频记录器等，如图2－20所示。

3. 通信侦察关键技术

随着科学技术的迅速发展，现代军事行动中大量采用快速通信技术、加密技术、反侦察抗干扰技术等各种先进通信技术。为适应复杂电磁环境下的通信侦察要求，通信侦察系统需解决以下关键技术。

（1）密集信号环境下有用信号的快速分选技术

随着现代电子技术的高速发展，通信频段内的信号数量已接近饱和的程度。民用通信、军事通信、广播、电视、业余通信、工业干扰、天电干扰相互交错与重叠，使得对未知信号的搜索变得像在大海捞针。特别是在军事通信中，往往采用猝发通信方式、快速通信方式以及其他新型抗侦察的通信体制等，这就使通信侦察变得十分困难和复杂，因此必须从技术上解决对通信信号的快速截获、快速识别和快速分选问题。

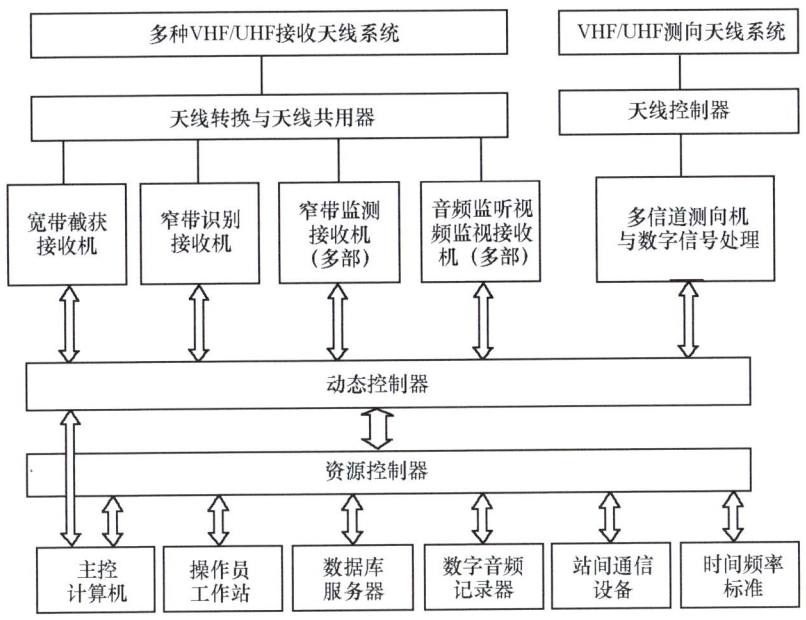

图 2 - 20　典型通信信号监测站构成

（2）高速跳频信号的侦察技术

随着通信对抗技术的发展，世界各国竞相发展抗侦察、抗干扰的跳频通信技术，而且跳速越来越高、跳频范围越来越宽，这就要求通信侦察系统必须采用新技术以解决对跳频通信信号的截获问题。目前采用的技术途径主要有数字 FFT 处理方法、压缩接收机方法、模拟信道化接收方法等。

（3）直扩通信信号的侦察技术

直扩通信是一种抗侦察、抗干扰的新型通信体制。目前常用的直扩通信信号侦察技术有平方倍频能量检测法、周期谱自相关检测法、空间相关检测法、倒谱检测法等。然而，理想的扩频通信侦察技术尚未成熟。

（4）超低相位噪声快速换频频率合成技术

几乎在所有的现代接收设备中都需要数字频率合成器。通信侦察接收设备侦收信号的质量在很大程度上取决于所用频率合成器的性能。频段宽、步进间隔小、换频速度快、频谱纯度好是对通信侦察系统用频率合成器的基本要求。

（5）全球个人通信侦察技术

虽然全球个人通信技术当前主要应用于民用通信业务，但由于具有巨大优势，它可以实现"任何个人在任何时间、任何地点与任何人进行任何方式的通信"，尤其是以星链为代表的卫通技术快速发展，使海量个人通信也成为通信侦察与干扰需面对的问题。

2.2.2.2 非通信侦察

从技术侦察的角度讲，非通信系统（或装备）一般是指战略导弹、运载火箭、航天器的遥测系统及装备；陆基、海基、空基、天基部署的各类雷达（如预警、反导、防空、引导、控制雷达等）；空基和天基遥感平台；高能激光武器等。这些系统与装备虽然不是专门用于通信，但它们都要发射、辐射或（由被探测目标）反射电磁波或光电红外辐射信号。非通信信号侦察的任务，就是搜索、跟踪监视和截获这些信号，以便从中提取各种有用的情报信息。考虑到在各类非通信信号侦察中，有很大一部分是对各类雷达信号进行侦察，从而提取出重要的电子情报，因此接下来主要是以针对雷达辐射源进行的电子侦察为例进行分析。

电子侦察是一种搜索、截获敌方电子设备的电磁辐射信号，从中获取其战术、技术特征参数及位置数据等情报的活动。具体来说，利用电子侦察手段，可以通过有长远目的的预先侦察来截获对方电磁辐射信号，并精确测定其技术参数，全面收集和记录数据，认真进行综合分析和核对，以查明对方辐射源的技术特性、地理位置、用途、能力、威胁程度、薄弱环节，以及敌方武器系统的部署变动情况和战略战术意图等，从而为战时进行电子支援侦察提供信息，为己方有针对性地使用和发展电子对抗技术，制定军事作战计划提供依据。

雷达信号占用的典型频段是 500 兆赫兹至 18 吉赫兹，毫米波雷达的工作频率达到 40 吉赫兹甚至更高。电子侦察事先不能确切知道会有哪些雷达将要工作，也不可能知道这些雷达发出信号的频率。实际上，电子侦察系统重要的任务之一就是截获雷达的信号，测量出信号的频率。

1. 电子侦察系统的基本组成

电子侦察系统要截获雷达辐射的电磁波信号，离不开天线和接收机。天线收集空间的电磁波信号能量，馈送到接收机，微弱的信号经过接收机的加工，成为可供进一步分析和处理的信息形式。在接收机之后，一般都接有信号处理器以及信息输出设备，以完成分析、识别和信息显示、声光告警等功能。电子侦察系统的最基本组成包括天线、接收机、信号处理器和信息输出设备四个部分，如图 2-21 所示。

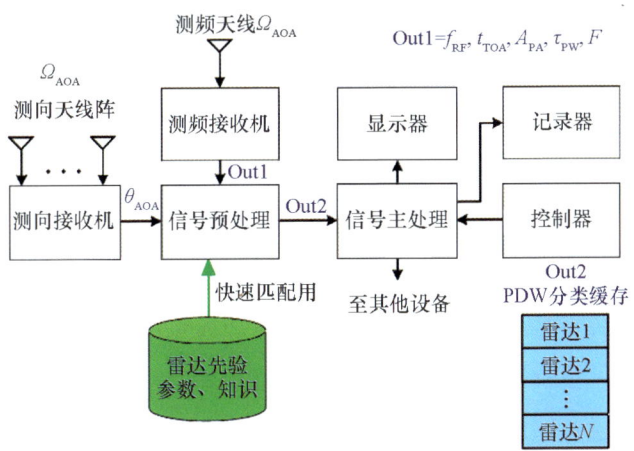

图 2-21　典型电子侦察设备组成

其中，测向天线阵是一个阵列，对特定或 360° 范围内的雷达信号进行测向，实时测出每一个脉冲到达的方位角。测频天线的角度覆盖范围与测向天线一致，共同组成对脉冲参数的检测和测量，实时输出工作范围内每个脉冲的到达时间（time of arrival，TOA）、脉冲宽度（pulse width，PW）、载频（radio frequency，RF）、脉冲幅度（pulse amplitude，PA）或脉冲功率等参数。有些雷达信号处理设备还可以实时检测脉内特征，输出脉内调制数据，所有参数组合后，称为脉冲描述字（pulse description word，PDW）。信号预处理是将实时输入的脉冲参数与各种已知雷达的先验参数和先验知识进行快速匹配比较，按匹配比较的结果分门别类地装入各缓存器，对于认定为无用信号的立即删除。信号主处理则是用来选取预处理分类缓存器中的数据，按照已知的先验参数和先验知识，进一步剔除与雷达特性不匹配的数据，然后对满足要求的数据进行雷达辐射源检测、参数估计、状态识别和威胁判别等，并将结果提交显示、记录、干扰控制设备及其他设备。雷达先验参数、知识是根据平时对敌雷达信号的侦收或通过其他渠道获取的敌雷达信号的各类参数建立的数据库，与专家数据库相结合，与所接收信号进行比对，雷达识别库还可进行实时更新，不断增强雷达识别的能力。显示器是用来指示雷达的频率、方位和信号参数，记录仪用来存储和记录所接收信号的参数，供以后分析使用。在侦察卫星、无人驾驶飞机或投掷式自动侦察站等无人管理的侦察设备中，通常还需要数据传输设备，以便将侦察到的数据传送出去。

2. 电子侦察截获条件

侦察系统发现雷达的能力常常被称为信号截获能力，或简称截获能力。实现截获的先决条件是天线和接收机通道对于要截获的雷达信号必须是畅通的。侦察天线决定了系统的空间方向性，它必须保证沿雷达所在的方向上具有足够的增益。接收机则要满足对雷达信号频率的畅通，也就是在要侦察的频率范围内提供足够的灵敏度。频率上畅通对于天线来说同样重要，因为任何天线的方向性只在一定的频率范围内才能得到保证，不同频段上工作的天线需要不同的设计。除了方向和频率上信号通道的畅通，在时间上还必须与雷达脉冲的到达时间相吻合，才能捕捉到雷达发出的短暂脉冲。

当然，经过天线和接收机通道之后，信号得到了放大和处理，其强度要达到一定的要求，才能被发现。通道畅通的程度也就是截获能力，常常用截获概率来定量描述。如果通道总是畅通的，就说这个系统具有100%的截获概率。如果通道只在某些条件下才畅通，这个条件出现的概率就反映了侦察系统的截获概率。例如，侦察系统在侦察很远距离上的雷达时，它的天线如果是有方向性的，只有当侦察系统的主波束对准雷达时，信号才能被截获，那么这个侦察系统在方向上的信号截获概率等于主波束朝向雷达的机会与朝向所有其他方向的机会之比。

接收机检测到雷达脉冲信号并不意味着发现这部雷达，只有当信号处理器从交叠的脉冲信号流中分离出这部雷达的脉冲，经过分析才能确认这部雷达的存在。因此侦察系统对辐射源的发现能力也取决于处理器的分析处理能力。

3. 电子侦察接收机

电子侦察接收机的概念相当宽泛，原因是没有哪种设计或类型能够适合所有应用场合。通常，电子侦察接收机可以分为雷达告警接收机和电子情报接收机。雷达告警接收机（radar warning receiver，RWR）的设计目的是，一旦接收到特定的威胁信号就立即发出告警（例如，地对空导弹系统的目标跟踪雷达照射到飞机的告警接收机时）。雷达告警接收机的灵敏度一般都比较低，它将信号输入一个近实时处理器中，并且使用很少几个参数测量值来识别威胁。通常能够确定威胁的大致方向（如 90°或 45°扇区），并且操作员拥有一个"粗略"显示器，可显示雷达类型、方向和相对距离（近距离目标显示的信号强，远距离目标显示的信号弱）。与雷达告警接收机相比，电子情报接收机通常更灵敏，常常拥有各种滤波器和解调附件，以获得最佳信噪比。由于广泛采用数字技术，在灵敏度和性能方面，现代的电子情报接收机和雷达告警接收机正变得越来越接近。可以使用基于软件的脱机分析工具来对接收机的输出进行分析。现场的分析结果可以转送给中央分析中心，以供进一步处理。

电子情报接收机需要处理各种信号参数。由于信号参数可能存在很大差别，以及可能遇到不同的雷达有效辐射功率（effective radiated power，ERP）值，感兴趣信号的动态范围会非常宽（比任何接收机希望能够处理的设计目标都更宽），电子情报接收机必须能够覆盖很宽的频率范围，以便在频谱的任何部分实现对新雷达的搜索，因此可能需要 100 吉赫兹的覆盖范围。信号的调制带宽可以从很窄的脉冲到调频信号和连续波信号。电子情报接收机可以安装在各种平台上，如舰船、飞机、气球、地面站或卫星。

4. 电子侦察关键技术

电子侦察需广泛接收战场上与作战有关的各种雷达信号，接收机接收的信号数量庞大，设备复杂。由于它不仅是在战时，而且在和平时期都连续工作，因此截获概率可以放低，但因测量参数多，而且要求测量准确，所以数据量很大，往往先将信号数据存储起来，然后交由专业部门进行处理。

电子侦察信号处理是电子侦察的核心内容，主要完成雷达信号的分选与识别、雷达信号脉内调制特征分析和雷达辐射源的无源定位等功能。雷达信号进入电子侦察系统后，首先由侦察接收机进行相关参数的测量，如工作频率、到达方向等，完成部分预处理工作，形成脉冲描述字流，供雷达侦察主处理设备完成信号分选和识别等工作；同时还要全面收集其信号波形数据和频谱等信息，为雷达信号脉内特征分析和辐射源的无源定位提供进一步分析的基础。

（1）雷达信号分选与识别

雷达信号分选（以下简称信号分选）是从随机交叠的脉冲信号流中分离出各个雷达的脉冲信号并选出有用信号的过程。信号识别是将分选后得到的辐射源信号特征参数与预先积累的辐射源参数相比较，以确认该辐射源及其平台属性的过程。

雷达信号处理过程一般分两个步骤进行。第一步是把属于某一部雷达的脉冲从交错混合的输入脉冲信号流中挑选出来，集中在一起。通过这些脉冲就能计算出这部雷达的脉冲重复周期，如图 2-22 所示。这个过程称为信号分选，它处理的对象是接收机送出的脉冲描述字串。信号分选的方法很多，通常把具有相同到达方向和相同射频频率的脉冲认作来自同一部雷达。需要用计算机来比较脉冲的方向和频率数据是否相同，当信号密度很高时，完成比较运算的计算量很大。如果有 200 部雷达，每部雷达平均每秒发射 1 000 个脉冲，那么运用通常结构的计算机完成分选比较运算平均需要每秒 1.6 亿条指令。这个计算量对于计算机的要求太高了。所以为了提高处理能力，往往采用专门的电路来完成分选比较运算。

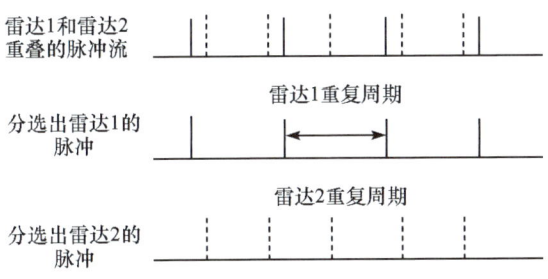

图 2 - 22   信号分选原理

分选得到感兴趣雷达的工作参数后就进行第二步，识别雷达的类型。在计算机中事先建立了一个关于所有雷达型号和参数的数据库，称为威胁数据库，只要把分选出的雷达参数与威胁数据库里的已知雷达数据进行比较，就可以识别出雷达的型号。

（2）雷达信号脉内特征分析

雷达信号脉内特征分析就是分析接收到的某雷达信号，提取脉内调制信息，并将其正确地归入某一脉内调制类型中，并为进一步识别雷达辐射源个体及其所属武器平台和系统的识别提供重要依据。

雷达信号脉内特征包括有意调制特征和指纹特征，其中有意调制特征主要包括相位调制特征、频率调制特征、幅度调制特征和三种调制组合的混合调制特征等，指纹特征主要包括频率稳定度、信号包络、高阶谱特征等。

脉内调制特征分析是 20 世纪 80 年代中期开始研究的一项技术，随着数字射频存储技术和中频直接采样技术的迅速发展，以及数字信号处理技术和高速大规模集成专用芯片的应用，信号脉内特征识别技术已成为雷达对抗侦察装备中的关键技术之一。90 年代，国外已经装备了先进的细微特征提取分析设备，90 年代后期，我国也相继在某些装备中使用了该项技术，以增强电子战实力。这项技术中脉内特征的提取方法一直是科研工程人员的重要研究课题，经过不懈的努力已经探索出了一些行之有效的方法，形成了许多较为成熟的估计算法和相关技术。例如，瞬时自相关算法、短时傅里叶变换、

WVD 算法、过零检测算法、小波分析法、时频分析法等，它们对单载频、多载频分集、LFM 信号、NLFM 信号、PSK 信号、FSK 信号等的脉内调制分析都有一定的效果，并且有了一定程度的工程应用。

脉内特征为辐射源的固有特性参数，通过对辐射源的这些固有特性参数的分析，可以实现辐射源的有效识别，提高电子侦察系统在复杂电磁环境中对目标的分析识别能力。

（3）对雷达辐射源的无源定位

对雷达辐射源的无源定位是指定位系统通过截获目标自身辐射的电磁信号或目标反射的外部辐射源信号，探测目标的存在，获取目标的信息，并以一定的精度给出目标的空间坐标。由于定位系统在工作时自身不辐射电磁信号，而仅接收电磁信号，因此被称为无源定位系统。无源定位系统受环境影响小，可全天候隐蔽工作，且作用距离远，特别是在电子干扰、反辐射摧毁、低空/超低空突防和隐身技术的发展对有源雷达构成重大威胁的现代战争环境下，无源定位系统将会发挥越来越重要的作用。

因为无源侦察不能直接获得雷达所在的位置，所以无源定位要由分开布置的几个侦察站共同完成，或者由侦察站在运动过程中的连续测量来实现。多站定位方法主要有测向交叉定位、时差定位、多普勒定位等。无源定位技术可以用于机载系统对地面雷达定位，也可以用于地面多站对空中辐射源定位，以及卫星对地面雷达定位等。

2.2.2.3　信号侦察案例

1998 年 2 月 23 日，BBC 记者坎贝尔在欧洲议会召开的特别听证会上揭露，长期以来，美国国家安全局（NSA）一直在使用一套代号为"梯队"（echelon）的电子侦听系统窃取各国的军事、经济情报，包括欧盟国家的商业机密。该系统是由美国领导的全球侦听系统，主要任务就是获取通信情报，五眼联盟均秘密参与该系统的运作，主管单位分别为：美国国家安全局、英国政府通信总部、加拿大通信安全局、新西兰政府通信安全局、澳大利亚国防信号管理局。该系统利用部署在太空的 120 多颗信号情报卫星以及遍布全球的 4 000 余个固定和移动监听站，拦截并处理经由通信卫星、互联网、海底电缆和无线电传输的国际通信。我国首次核试验的时间和地点信息，即是由英国设在中国香港春坝湾的监听站捕获并传递给美方及其盟友的。冷战结束后，美国的信号情报侦察服务范围也向商业和经济活动拓展，"梯队"系统获取的大量"衍生情报"并不具备军事价值，但是能够为美国的商业竞争活动提供重要支撑。1995 年，"梯队"通过商业通信卫星截获了欧洲空中客车联合企业与沙特阿拉伯政府的电传与电话，发现了空客公司向沙特政府官员行贿诱使沙特政府采购空客大型客机的证据，美国国家安全局立即将此事通知了美国官员，促使波音公司和麦道公司加入商业竞争，最终使波音和麦道公司赢得了这一价值 60 亿美元的合同。

• **经典案例**

− 美国被曝监听欧洲多国政要 −

2021 年 5 月，丹麦国家广播电视台（DR）报道称，一份内部报告显示，美国国家安全局利用与丹麦对外情报部门的情报共享协议，在 2012 年至 2014 年间通过丹麦海底电信电缆窃听系统对欧洲的一些知名政治家进行了监听。

丹麦既是北约国家，又是欧盟成员中的北欧国家。丹麦地处北欧咽喉要道，南与德国接壤，北与挪威、瑞典隔海相望。连接荷兰、英国、挪威、瑞典、德国的海底电缆有多个关键登陆站建在丹麦境内。

除了 DR，瑞典电视台（SVT）、挪威广播公司（NRK）、法国《世界报》、德国《南德意志报》和德国媒体 NDR 以及 WDR 广播电台也参与了此次调查。各国媒体团队发现，监听目标包括德国前总理默克尔，以及分别于 2009 年和 2013 年落选的两位总理候选人：现任德国总统弗兰克－瓦尔特·施泰因迈尔（Frank－Walter Steinmeier）和社民党重要人物佩尔·施泰因布吕克（Peer Steinbruck）。除此之外，法国、瑞典、挪威等盟国领导人和高层政客也被直接监听。据报道，美国国家安全局利用盟友监听盟友，监听范围非常广泛，不仅可以截获手机短信和电话内容，还能获取互联网上的搜索内容、聊天信息等。

此次报告再次披露了情报界最秘密的部分：各部门间的伙伴关系。十几年前，美国国家安全局和丹麦国防情报局（DDIS）之间的伙伴关系得到了加强，并在丹麦本土建立了一个大规模拦截海底电缆数据的系统。因为德国和瑞典等许多国家的互联网海底光缆登陆站都设在丹麦境内，所以丹麦可以追踪这些国家的任何数据。

2.2.3 雷达侦察[①]

雷达是指发射电磁波信号并接收在其作用范围内的被观测物体（目标）的回波的装置。雷达是英文 radar 的音译，radar 是 radio detection and ranging 的缩写，意为无线电探测和测距。

现代雷达是一种综合了电子科学各种技术成就的高科技信息感知与处理系统，它涉及电子信息工程中几乎所有的技术要素，如信号和波形设计、发射机、接收机、天线、电磁波传播、电磁散射和辐射、信号处理、信息提取、检测、参数估计、目标分类与识别等。

2.2.3.1 微波波段

雷达是通过发射和接收微波波段电磁波进行目标探测的传感器。微波波段范围如图 2 - 23 所示。由于微波波段覆盖频谱区域很大，因此将其划分为具备不同特征的子波段。每种频率范围的电磁波都具有各自的特性，工作在不同频率范围的雷达在工程实现时往往存在很大差别。

---

① 关于雷达侦察，一种是使用雷达进行侦察，即雷达探测；另一种是对敌方雷达进行侦察。此处指前一种。

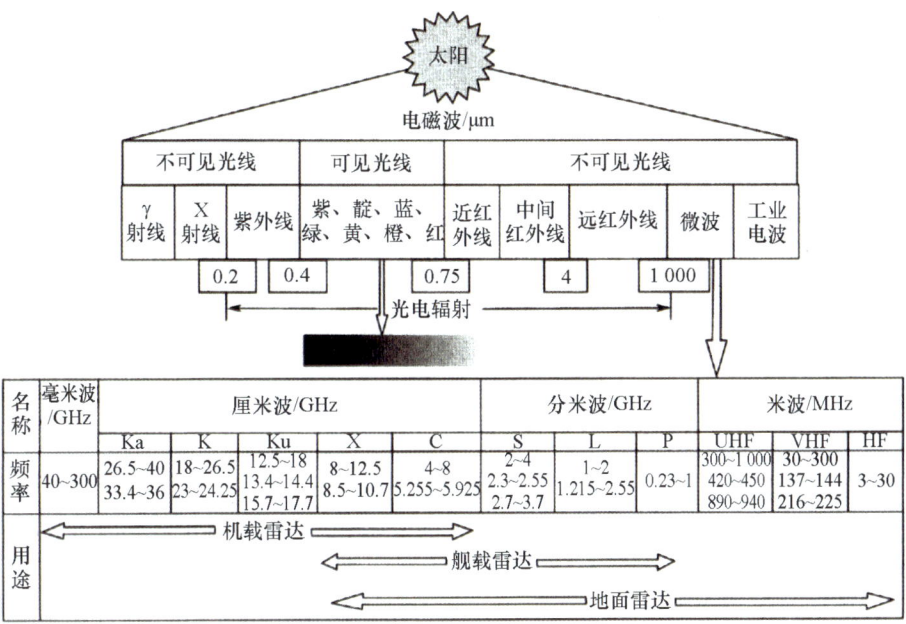

图 2 - 23　微波波段示意图

1. 米波段（HF、VHF 和 UHF 频段）

该工作频段的雷达具有简单可靠、容易获得高辐射功率、容易制造、动目标显示性能好、不受大气传输的影响、造价低等优点，因此，在对空警戒雷达、电离层探测器、超视距雷达中有广泛的应用。该波段雷达的主要缺点是目标的角度分辨率低。

2. 分米波段（P、L 和 S 波段）

与米波段雷达相比，分米波段雷达具有角度分辨率较好、外部噪声干扰小、天线和设备尺寸适中等优点，因此在对空监视雷达中得到广泛使用。当要求一部雷达兼有对空探测和目标跟踪两种功能时，S 波段雷达最为合适。S 波段雷达是介于分米波段和厘米波段之间的一种折中选择，可以成功地实现对目标的监视和跟踪，广泛地使用于舰载雷达。该波段雷达的辐射功率不如米波段的高，大气回波和大气衰减对其有一定影响。

3. 厘米波段（C、X、Ku、K 和 Ka 波段）

厘米波段雷达主要用于武器控制系统，具有体积小、重量轻、跟踪精度高、可以得到足够大的信号带宽等优点，因此在机载火控雷达、机载气象雷达、机载多普勒导航雷达、地面炮瞄雷达、民用测速/防撞雷达中被广泛使用。该波段雷达的主要缺点是辐射功率不高、探测距离较小、大气回波和大气衰减影响较大、气象杂波等外部噪声干扰大等。气象雷达主要探测气象杂波，因此多工作在这个频段。

4. 毫米波段

毫米波段雷达具有天线尺寸小、目标定位精度高、分辨率高、信号频带宽、抗电磁波干扰性能好等优点。但毫米波段雷达有辐射功率小、机内噪声较大、气象杂波等外部噪声干扰大、大气衰减随频率的增加而迅速增大等缺点，几乎掩盖了其优点。由于大气的衰减随频率的增加并不是单调增大，而是存在着一些大气衰减较小的窗口，因此毫米波段雷达大多仅限于工作在这些窗口上。

5. 太赫兹波段

太赫兹波段的波长处于 0.03 ~ 3 毫米范围，介于微波和红外之间，属于亚毫米波，该波段雷达具有成像能力强、穿透能力强、方向性好、分辨率高等优点，在测距和测绘系统中常被选用。其缺点是现阶段受器件水平的限制，其辐射功率小、波束太窄、搜索空域周期长、不能在复杂气象条件下工作。目前，工作于太赫兹波段的激光雷达已经广泛应用于三维高分辨率成像测绘等。

2.2.3.2 雷达的工作原理

雷达是一个复杂的电子设备系统，由多个分系统组成，每个分系统功能不同，工作原理和技术参数也不一样。各分系统需协调工作，雷达才能正常工作发挥其探测性能。

一般来说，典型的雷达系统主要由天线、发射机、接收机、信号处理机和终端设备等组成，如图 2 - 24 所示。

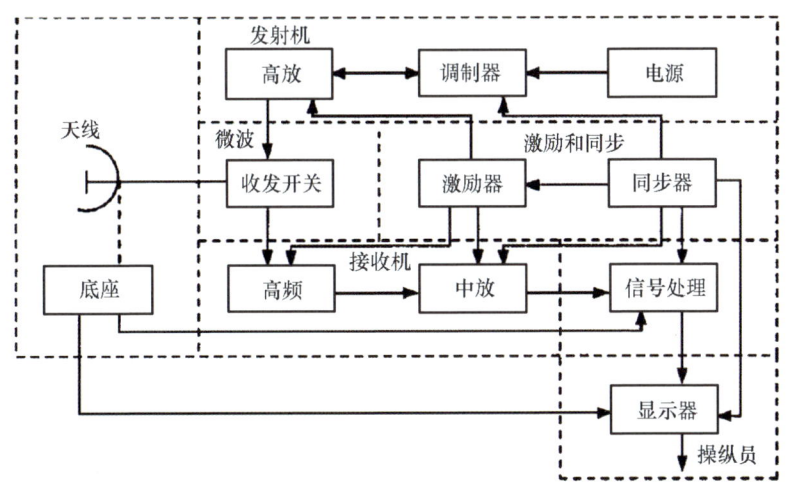

图 2 - 24　脉冲雷达的基本组成

雷达发射机产生辐射所需强度的脉冲功率，通过脉冲调制器和功率放大器形成高频振荡脉冲电流，馈送至天线，而后经天线辐射到空间。天线负责将电磁波集中辐射出去并接收回波，其通过集束发射具有方向性，方向性越强的天线，波瓣宽度越窄，测向精度和分辨率越高，改变波束方向可以扩大扫描范围。接收机多为超外差式，由高频放大、混频、中频放大、检波、视频放大等电路组成，将微弱的回波信号放大到足以进行信号处理的电平，同时进行一部分如滤波等简单的信号处理。信号处理机通常包括动目标显示器和多普勒滤波器，有时也包括复杂信号的脉冲压缩处理器，用于消除杂波及干扰而加强目标回波信号。终端设备用于显示由视频放大器放大、接收机中放输出后经检波器取出的脉冲调制波形，最简单的终端是显示器，可测读目标的距离、方位角和俯仰角等信息。

2.2.3.3　雷达的分类

按照不同的分类准则，雷达工程及应用领域常见的分类主要有以下几种。

1. 按雷达用途分类

按用途，雷达可分为军用雷达和民用雷达两大类。其中军用雷达可进一步细分为早期预警雷达（超远程雷达）、搜索和警戒雷达、指挥侦察与监视雷达、火控雷达、制导雷达、机载预警雷达、机载截击雷达、机载护尾雷达、机载导航雷达、机载火控雷达等。

2. 按雷达的工作体制分类

根据雷达系统及其子系统的工作体制可进一步细分。如按照天线的特性或扫描方式，可分为相控阵雷达、频扫雷达、合成孔径和逆合成孔径雷达、多输入多输出雷达等；如按雷达调制信号的波形，可分为脉冲雷达、连续波雷达、线性调频雷达、编码雷达、噪声雷达等；如按角度跟踪方式，可分为圆锥扫描雷达、单脉冲雷达和隐蔽锥扫雷达等；如按收/发设备的位置，可分为单基地雷达、双基地雷达和多基地雷达等；如按雷达系统是否发射电磁波，可分为有源雷达和无源雷达（电子情报接收机）等。

3. 按信号处理方式分类

按照雷达信号处理方式可分为脉冲多普勒雷达、动目标显示雷达、频率分集雷达、极化分集雷达、相参/非相参积累雷达、合成孔径和逆合成孔径雷达等。

4. 按雷达工作波长（频段）分类

按照雷达主工作波长（频段）可分为米波雷达、分米波雷达、厘米波雷达、毫米波雷达、太赫兹波雷达、激光/红外雷达等；或者用波段的名称来命名，如 L 波段雷达、S 波段雷达、X 波段雷达等。

5. 按雷达测量目标坐标参数分类

按照具体的测量参数可分为二坐标雷达、三坐标雷达、测距雷达、测高雷达和成像雷达等。

2.2.3.4 现代雷达技术

战争形态的演变不断刺激雷达探测技术的发展，随着电子技术的高速发展，雷达的技术性能也在迅速提高，呈现出很多重要的特点。一是全相参，现代雷达通常都是全相参雷达，采用主振放大式发射机，其发射信号、本振、相参振荡器、定时器等均来自同一基准信号。二是复杂的脉冲调制和信号处理，现代雷达为了具备强杂波、强干扰环境下探测目标、测量参数的能力，通常采用线性调频信号、相位编码信号、相参脉冲串等复杂信号，并具备相应的信号处理能力。三是具有多目标探测能力，现代雷达为了实现多目标的搜索、跟踪，大量采用电扫描技术，如相控阵雷达及机扫电扫相结合的三坐标雷达等。四是具有高分辨率成像能力，采用大带宽信号实现距离向高分辨率，利用合成孔径技术实现方位向高分辨率。此外，为了提高复杂电磁环境下的作战能力，雷达还采用了各种抗干扰技术。

1. 脉冲压缩技术

要获得远的探测距离，就要增大信号脉冲宽度或者提高发射功率，对于雷达发射机而言，极大地提高脉冲峰值功率存在诸多限制，因此，比较实际的方法是在发射机峰值功率不变的情况下增大脉冲宽度。但脉冲宽度越大，相应的距离向分辨率就越低。脉冲压缩技术就是为了解决雷达探测距离与距离分辨率之间的矛盾而提出的，在现代雷达系统中有广泛的应用。简单来说，脉冲压缩技术是指雷达在发射时采用大时宽、带宽的脉冲信号，而在接收时对大时宽、带宽的脉冲信号进行压缩处理，通常采用线性调频脉冲压缩和相位编码脉冲压缩两种技术途径。

2. 动目标显示技术

动目标显示（moving target indication，MTI）雷达属于全相参脉冲雷达，主要利用多普勒效应在具有强杂波的环境中探测运动目标。雷达面对的杂波包括地物等固定目标以及海浪、云雨、敌人施放的金属箔条等慢速运动目标。

由于地物杂波、气象杂波、箔条干扰等相对于雷达来说是静止不动或慢速运动的，而运动目标是时刻在运动的，因此，动目标回波存在显著多普勒效应。简单来说，就是利用对消器将相参检波器输出信号中相邻重复周期脉冲两两相减，固定目标回波脉冲由于振幅不变而相互抵消，运动目标回波相减后剩下相邻重复周期振幅变化的部分，这样就可以消去固定目标，留下运动目标。

3. 脉冲多普勒雷达技术

脉冲多普勒（pulse Doppler，PD）雷达是在动目标显示雷达的基础上发展起来的一种新型雷达。这种雷达具有脉冲雷达的距离分辨率和连续波雷达的速度分辨率，能进行频域的滤波与检测，有更强的抑制杂波的能力，能在较强的杂波背景中分辨出动目标回波，尤其适用于机载平台。脉冲多普勒雷达采用邻接的窄带滤波器组或窄带跟踪滤波器，利用目标回波中的多普勒信息，在频域实现目标和杂波的分离。窄带滤波器的频率响应应当设计为尽量与目标回波谱相匹配，以使接收机在最佳状态工作。因此，脉冲多普勒雷达信号处理部分比常规脉冲雷达和动目标显示雷达的信号处理要复杂得多。

4. 相控阵雷达技术

相控阵是相位控制阵列的简称。相控阵天线是由许多辐射单元组成的天线阵列，每个单元的馈电相位由计算机灵活控制，从而实现波束的电扫描。因此，具有波束捷变（包括波束空间位置捷变和波束方向图捷变）的独特优点，可以满足多目标跟踪、远距离探测、高数据率、自适应抗干扰，以及同时完成目标搜索、识别、捕获和跟踪等多种功能。阵列天线每个阵元或一组阵元后面设有可控移相器，通过控制相移量来改变各阵元的相对馈电相位，从而改变天线阵面上电磁波的相位分布，使波束在空间按一定规律扫描。在波束扫描时，扫描的偏角越大，波束就越宽，天线增益就越小，天线波束的性能就越差，故一般将天线波束的扫描角限制在阵列法线方向60°张角之内，因此想要获得更大的探测范围，往往需要多部阵列配合。

相控阵雷达分为有源和无源两种体制，有源阵列每个天线阵元有一个发射/接收装置（T/R 组件），而无源阵列所有阵元共用一组或几组发射机和接收机。有源阵列技术更为复杂，功率和效率往往更好。

5. 合成孔径雷达技术

合成孔径雷达（synthetic aperture radar，SAR）是利用合成孔径和脉冲压缩技术以小的真实孔径天线达到高分辨率成像的雷达系统，是主动式微波成像雷达。典型的合成孔径雷达结构是侧视，其雷达天线同载具（飞机或卫星）航线相垂直，并向下俯视适当角度。

如前文所述，可通过脉冲压缩技术提高距离向分辨率，但对于提高方位向分辨率，则需要采用更短的波长或者孔径更大的天线，但缩短波长往往要极大地牺牲探测距离，而增大孔径则受制于平台空间。为了突破天线孔径的限制，获得方位向的高分辨率，受直线阵列波束合成启发，提出了合成孔径的概念。简单来说，就是只要用一个小天线做直线运动，在运动轨迹的不同位置发射相参信号，记录接收信号，然后将记录的所有信号进行合成处理，就相当于获得一个孔径很大的天线，能够得到很高的方位向分辨率。方位向和距离向分辨率的极大提高，保证了雷达成像的空间分辨率，较之光学成像，雷达成像具备全天时、全天候的优势。

2.2.3.5　雷达侦察应用案例

1999 年 3 月 24 日，北约与南联盟之间的科索沃战争爆发，战争开启后第 4 天，南联盟防空军便利用改造后的老旧雷达，引导苏制 S － 125（北约代号"萨姆 － 3"）防空导弹击落了一架当时美国空军最先进型号之一的 F － 117A 隐身战斗机。南联盟利用隐身飞机对较长波长雷达隐身效果相对较差的弱点，通过 P － 18 雷达（北约代号"匙架 B"）进行目标搜索和指示，针对 F － 117A 航线相对固定的疏忽，将多个"萨姆 － 3"导弹连运送到 F － 117A 飞行路线上的几个阵地上。为隐蔽，这些雷达既没有进行调试发射，也没有进行最低限度的空载校准，加上训练有素的操作人员，最终一举击落 F － 117A。战争结束后，当时南联盟的战斗指挥官佐尔坦·丹尼上校披露，自 F － 117A 服役以来，他和下属军官就开始了对"低可探测技术"的跟踪和研究，摸索了针对隐身目标的反制方法，并通过使用更换电容的简单办法，对 P – 18 雷达进行了改造，利用隐身战机开舱门投弹时雷达反射率突然增强的特点，实现了对隐身飞机的有效探测，也针对隐身目标不断地进行战斗演练。此外，一位南联盟防空导弹武器专家就击落 F – 117A 一事接受采访表示，南联盟军队改良了老式"萨姆 – 3"防空导弹，使导弹发射之后在相当长一段时间内不采用无线电指令引导，避免北约飞机发现地面制导系统的确切位置并实施干扰或打击，在导弹接近目标之后，再开始无线电指令引导，缩短了指令引导时间。

2.2.4 水声侦察

地球上的自然水域，由于富含大量离子，因此均是导体，这样的导体对电磁波有吸收作用。海水对一般的可见光，以及红外线、紫外线等不可见光，均有很强的吸收作用。电磁波在空气中能以 3×10^8 米/秒的速度传播，但水下电磁波信号的传播距离十分有限。因此，对水下目标的探测很少利用电磁波。

声波是一种机械波，其振动方向与传播方向一致，是一种纵波，在液体中具有良好的传播特性。在空气（15℃）中，声音的传播速度是 340 米/秒，而在水（20℃）中，它的传播速度可达 1 482 米/秒，且声音在水中的传播距离也相当远。声波在水中的传播受温度、盐度及深度的影响，特别是海水的物理性质极不稳定，会对声信号的传播造成极大的影响。有试验表明，在水中引爆 150 千克炸药，其水下声音信号可传输至 2 万千米以外。因此，在水中对目标的探测主要是通过声音信号进行的。用于水下探测的声波，除可听波（频率在 20 ~ 20 000 赫兹之间）之外，还有次声波（频率低于 20 赫兹）和超声波（频率高于 20 000 赫兹）。

2.2.4.1 水声学原理

声波在水中传播主要具备以下特点。

1. 透射与绕射

透射指声波可穿透比较薄的障碍物，因此，声呐罩并不影响声呐发挥作用。绕射是声波遇尺寸比它的波长小的障碍物就绕过去。若障碍物的尺寸比波长小得多，则绕射现象非常显著，反之绕射就减弱，可利用此特性探测水下目标的尺寸。

2. 反射与折射

反射是声波遇到不能透射的障碍物，其尺寸又远大于它的波长时，会被反射回原方向，回声声呐即利用此特性。折射是声波在海水中传播时遇到海水分子分布不均匀的情况会发生路径的偏折，类似于光通过不同透明介质的情况。

3. 散射与混响

散射指声波在传播过程中遇到其他物质（如气泡、悬浮粒子、浮游生物、鱼群、水层、水团、海底山脉等），部分声响会偏离原来的路径转向其他方向。这些散射声波从不同散射体传回接收点，在接收点形成强度逐渐减弱的连续散射回波，产生混响，成为一种干扰。

4. 衰减

衰减指声波在海洋中的传播同在空气中的传播一样，其强度将随距离的增加而减弱，甚至会消失。造成这种现象的主要原因是声波能量的扩展损失、海水的吸声作用，以及反射、折射与散射。

5. 声道

海水中的各种物理性质参数，包括温度、盐度、密度等，都随着深度的不同而变化，但是这种变化通常并不是均匀的，而是在某一个很薄、特定的深度范围内发生急剧的变化，这个特定的深度范围就被称为跃变层。跃变层两侧海水性质差异较大，导致出现正梯度和负梯度两种情况，声速随深度增加而增加为正梯度，反之为负梯度。当负梯度区位于恒速区或正梯度区上方时，两区交界的跃变层即为声道轴，此处声速最低，在声道轴上下的一定宽度上形成声道。由于声波向低速区折射，因此都向水声道折射，声能衰减较小，可以到达较远的地方，类似于光导纤维。

目前所使用的水声探测设备都是根据声波的以上特性研制而成的。水声探测设备在侦察时，捕捉、接收水声信息，通过换能器（水声传感器）将水声信号转换成电信号，经放大处理后由显示控制台显示和提供听测定向。

2.2.4.2   声呐的基本原理

声呐是利用声波对水下目标进行探测和定位的装置，是水声探测领域中应用最广泛、最重要的一种装置。声呐是英文 sonar 一词的"义音两顾"的译称，而 sonar 是 sound navigation and ranging（声音导航测距）的缩写。

1. 声呐的类别

依据是否发射声波，声呐分为主动声呐和被动声呐。主动声呐由简单的回声探测仪器演变而来，它主动发射超声波"照射"目标，然后收测回波进行计算，适用于探测冰山、暗礁、沉船、海深、鱼群、水雷和关闭了发动机的隐蔽潜艇，大多数采用脉冲体制，也有采用连续波体制；而被动声呐则由简单的水听器演变而来，它收听目标发出的噪声，判断出目标的位置和某些特性，特别适用于不能发声暴露自己而又要探测敌舰活动的潜艇。主动声呐与被动声呐工作原理如图 2-25 所示。

根据使用对象的不同，还可分为水面舰艇声呐、潜艇声呐、航空声呐、便携声呐（潜水员声呐）和海岸声呐等。按战术用途，分攻击声呐、警戒声呐（搜索声呐）、探雷声呐、导航声呐、通信声呐和识别声呐等。按基阵携带方式，分舰壳声呐、拖曳声呐、吊放声呐、浮标声呐、座底（固定式）声呐等。

2. 声呐系统的组成

声呐装置一般由基阵、电子机柜和辅助设备三部分组成。基阵由水声换能器以一定几何图形排列组合而成，其外形通常为球形、柱形、平板形或线

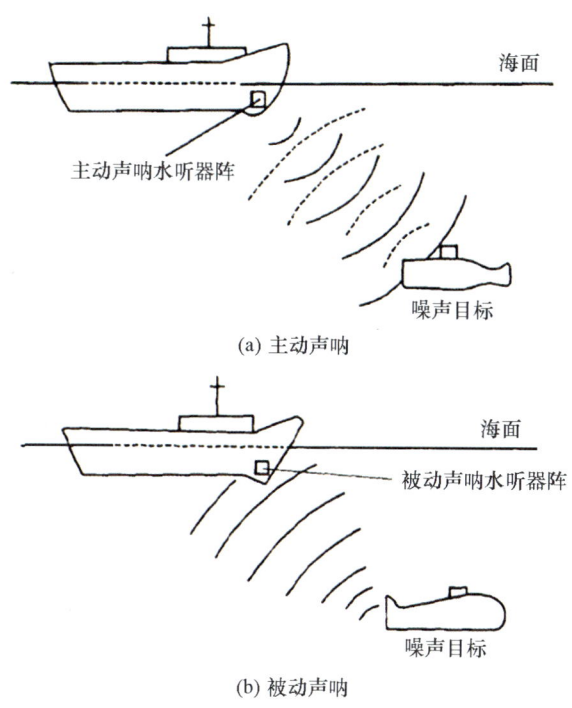

海面

主动声呐水听器阵

噪声目标

(a) 主动声呐

海面

被动声呐水听器阵

噪声目标

(b) 被动声呐

图 2 - 25　主动声呐与被动声呐工作原理

列行, 有接收基阵、发射基阵或收发合一基阵之分。电子机柜一般有发射、接收、显示和控制等分系统。辅助设备包括电源设备、连接电缆、水下接线箱和增音机, 与声呐基阵的传动控制相配套的升降、回转、俯仰、收放、拖曳、吊放、投放等装置, 以及声呐导流罩等。

换能器是声呐的重要器件, 它是声能与其他形式的能（如机械能、电能、磁能等）相互转换的装置。其工作原理是利用某些材料在电场或磁场的作用下发生伸缩的压电效应或磁致伸缩效应。换能器有两个用途: 一是在水下发射声波, 称为发射换能器, 相当于空气中的扬声器; 二是在水下接收声波, 称为接收换能器, 相当于空气中的传声器（如麦克风）。换能器在实际使用时往往同时用于发射和接收声波, 专门用于接收的换能器又称为水听器。

3. 声呐系统的战技术指标

声呐系统的主要战术指标是反映和表征战术性能的参数，主要有以下六个：一是作用距离，指声呐在一定条件下能有效发现目标，并测其数据的最大距离，这些条件包括发射声源级、海况、传播衰减、环境噪声、目标强度等。二是方位角和高低角范围，这两个角度范围所界定的空间描述了声呐系统可以搜索的空间区域，如果目标处在这个空间区域内，就可能被探测系统发现或测定。三是盲区，指在声呐作用距离内受某些条件限制而无法探测到的区域，可分为物理盲区、几何盲区、尾部盲区、脉冲宽度盲区和混响盲区等。四是分辨率，表示声呐系统对空间内两个相邻目标的分辨能力，方位向分辨率取决于换能器自身的指向性及信号处理，距离向分辨率取决于所用信号波形及处理技术。五是定位精度，是测定目标位置时的最小位置误差，也称定位误差，存在测向和测距两个精度指标。六是搜索速度，指单位时间内可搜索的空间区域大小，由探测距离、波束宽度和搜索方式决定，其中搜索方式是主要因素。

声呐系统的技术指标是指设备本身的技术参数，主要有以下七个：一是信号强度，指声呐辐射的轴向声功率大小，用分贝表示。二是接收机灵敏度，指接收机能正常工作时允许输入的最小信号，取决于系统放大倍数和接收机处理增益。三是接收机检测阈，指在一定条件下输入端需要的最小信噪比。四是信号的各项参数，如工作频率、脉冲宽度、信号形式、信号带宽、信号重复周期等。五是接收机动态范围，是接收机能正常接收的最大信号与最小信号幅度之比的分贝数，它是根据声呐系统的最大作用距离和最近接收距离而算出的技术指标。六是基阵的大小、形式、灵敏度、指向特性和频率响应。

2.2.4.3 声呐的主要技术

随着深海声道被发现、信号处理技术和数字技术的发展，被动目标识别技术、水声对抗技术、声呐终端显示、全球性反潜探测数据传输处理控制、新材料的应用等均已进入全新发展阶段，声呐的技术性能和应用范围也在不断扩展，现代声呐系统已综合运用以下多项技术。

1. 水声波形选择

对于主动声呐，如何选择发射信号的波形是设计过程中必须考虑的问题之一。不同的信号波形具有不同的信号参数（振幅、相位、频谱等），会有不同的处理结果，直接影响声呐的性能。

雷达信号波形理论研究已较为深入，可作为声呐波形选择的借鉴，但水介质中声传播的复杂性使得声呐波形技术比雷达复杂。常用的声呐信号主要有单频矩形脉冲信号、线性调频脉冲信号、双曲线调频信号、伪随机信号、V 形调频信号、高斯包络线性调频信号及阶梯调频信号等。实际使用中应根据需要及工作的环境选择适当的信号波形，以获得最佳的检测效果或分辨效果，需要综合考虑信号工作频率、信号时间宽度和信号带宽三个相互联系又相互制约的参数。

2. 声呐测向技术

声呐测向是测定目标在水平面内的方位角，这是测定目标位置的重要依据之一。测向方法与声系统的结构有关，但其本质都是利用声波到达水听器系统的声程差和相位差来进行测向，具体技术途径主要有以下六类。一是最大值测向法，由于换能器或基阵输出电压随目标方位角的变化而变化，因而可以利用接收到的信号幅度达到最大时，换能器或基阵的指向来测量目标方位，最大值测向法的测向精度主要取决于声系统方向性主瓣的宽度、指示器的类型、声系统转动装置的精度，以及声呐操作员的生理声学特性。二是相位法测向，即利用相角指示器来测定两等效阵元之间的相位差，从而达到测量目标方位的目的，理论上只需要两个接收单元即可完成。三是检相法测向，即利用检相器或相位检波器将两个输入电压之间的相位差变换为电压，从而根据电压与相位差的关系测出相位差，进而测出目标方位。四是振幅差值法测向，即利用两个性能相同的接收阵收到的声波振幅差值测定目标方向，一般用于对目标进行自动跟踪。五是相幅法测向，是利用和差法与相位检波法两种手段相结合的测向方法。六是正交相关法测向，是利用信号与干扰的统计特性（相关特性）差异来提高接收系统的信噪比，利用两个相关器输出结果的比对即可达到测向目的。

3. 声呐波束形成技术

声呐波束形成的目的，是使多阵元构成的基阵经适当处理得到在预定方向的指向性，可以用较小的发射功率探测更远的距离。波束形成技术是指将一定几何形状（直线、圆柱等）排列的多元基阵各阵元输出经过处理（如加权、延时、求和等）形成空间指向性的方法。因此，一个波束形成器可以看成是一个空间滤波器，它可以滤去空间某些方位的信号，只让指定方位的信号通过。波束形成器主要是利用相移、离散傅里叶变换、脉冲内波束扫描、延时波束形成、频域波束形成等技术改善阵列的方向性。

4. 声呐测距技术

声呐系统的主要任务之一是在测向的同时完成对目标距离的测定，从而确定目标位置。主动声呐测定目标的距离要利用目标的回波或应答信号，而被动声呐测定目标距离只能利用目标声源发出的信号或噪声。两者都是利用距离不同引起的信号变化来间接测量目标距离。主动测距技术主要有：脉冲测距法，即利用回波脉冲与发射脉冲信号的时间差来测定距离；调频信号测距法，即利用收发信号的频差测定距离；相位测距法，即利用收发信号间的相位差进行测距。被动测距技术主要有：方位法，即利用间距较远的两个或多个子阵，分别对目标进行测向，依据测向夹角和子阵间距离测算目标距离；时差法，即通过利用三个子阵，测量来自目标声波的波面曲率来测定目标距离，类似于卫星定位系统中的三星时差定位。

5. 声呐测速技术

除确定目标的方位和距离外，对于动目标速度的测定也是声呐的重要任务。速度测量利用的是相对速度差引起信号参数变化。主要技术有：位变率法，即利用目标运动造成的两次测量方位角和距离之差来确定目标速度；回波脉冲比较法，即将接收信号分为延迟和不延迟两路，利用两路信号的相位差求得目标速度；多普勒测速法，即利用目标与声呐间径向速度差产生的多普勒频移测定目标速度。

2.2.4.4 水声侦察应用案例

东北亚地区是美国及其盟友针对俄罗斯和中国实施反潜警戒的重点区域，自二战结束后，美日一直致力于固定式水声监视系统（SOSUS）和固定式分布系统（FDS）的建设。SOSUS 是美国为了抗衡冷战时期苏联潜艇的产物，经过近 20 年的持续建设，至 20 世纪 70 年代，SOSUS 已成为覆盖西太平洋、北大西洋的 36 个水声器基阵网络。该系统的基阵主要布设在近岸大陆架和深海海底，工作频率为 1～400 赫兹，利用深海汇聚区效应对非静音潜艇的最大探测距离超过 100 千米，对静音潜艇的直线探测距离可达 30 千米。FDS 是一种低频被动式声响监视声呐系统，在水下探测领域使用光纤进行信息通信，具有传输速度快、传输效果好、探测能力强的特点，能够在杂波干扰的环境中找到微弱的信号进行跟踪，并迅速、准确地定位目标点。FDS 填补了 SOSUS 大面积搜索时遗漏重要区域的空白，完善了水下反潜警戒网络的建设，美军目前使用的为 FDS－C 型。该型系统采用模块化设计，使用大量民用器件，维护保障更便捷，成本更低，使用时间更长。在 21 世纪初，美国与日本决定共同在亚太建设一个新的固定式水声监测阵列链——"鱼钩"海底防御链。该防御链从日本九州岛西南开始，经过冲绳群岛、菲律宾，到达印度尼西亚，并穿过苏门答腊岛，最终形成一个似鱼钩形的水下探测系统。

2.3 侦察平台技术与装备

现代情报搜集系统是根据国家战略和现代战争需要，把各种高技术探测设备有机结合起来，从而实现各种侦察目的的综合性系统。高新技术不断更新迭代并在情报搜集领域不断拓展应用，使侦察监视系统的发展产生了根本变化，能够构建航天、航空、地（水）面侦察一体化，白昼、黑夜全天时，陆、海、空、天、电全方位的现代侦察系统。

先进的传感器固然是情报信息搜集的核心装备，但仍需要一系列先进的侦察平台（载具）将不同的传感器部署至全时空域，才能发挥相互补盲和相互印证的效果。现代军事侦察装备按搭载平台的活动空域分为航空侦察、航天侦察、地面侦察和海上侦察四大类。

2.3.1 航空侦察

军事指挥官一方面总是担心其战斗准备与行动会被敌人用公开或秘密手段观察到，另一方面又总是迫切希望能观察到敌方的行动。自古以来，战术家一直在寻找"制高点"，即最佳观察位置。

航空器的应用不仅使人们获得了最佳的战术侦察视角，而且更是遂行战略侦察的绝好平台，因此各类航空器均在侦察领域发挥了重要的作用。航空侦察是指用航空器在环绕地球的空气空间，对感兴趣的目标区域进行的情报搜集活动。现代航空侦察监视平台有各种飞机、飞艇、飘浮气球、系留气球和旋翼升空器等，其中主要为飞机侦察平台，可分为有人驾驶侦察机、侦察直升机、无人机和预警机等，机上通常装有光学、雷达、无线电等多种传感器。

2.3.1.1 有人驾驶侦察机

有人驾驶侦察机是航空侦察的主要机种之一，它自诞生以来，一直是航空侦察系统的主力，在历次战争中发挥着巨大的作用。有人驾驶侦察机反应灵活、机动性好，飞行高度较低，侦察效果好，能及时、准确地完成战场情况侦察，能为各级指挥员提供作战指挥所需的大面积、远纵深的情报，并能直接引导突击兵力摧毁目标。加上飞机平台可重复使用，相对而言侦察成本较低，因此，即使在空间侦察系统技术飞跃发展的情况下，它仍然是战术侦察的主力。但是，有人驾驶侦察机也有一定的缺点：一是飞行高度在大气层以内，容易受到对方防空火力的打击；二是和平时期飞越他国领空进行侦察，会引起严重的外交纠纷，因此在航空侦察使用范围上受到一定的限制。

有人驾驶侦察机主要有三大类：一是专门设计的侦察机，这类侦察机具有生存能力较强、载荷较全的特点，如美国的 U - 2 高空侦察机、OH - 58 侦搜直升机；二是由各型飞机改装的侦察机，如我军装备的歼侦 - 8F 型战术侦察机，即由歼 - 8Ⅱ型战斗机改装而来；三是挂在战斗机上遂行侦察任务的侦察吊舱，如美国雷神公司研制和生产的 AN/ASD - 12（V）共享侦察吊舱系统，可挂在 F/A - 18 战斗机或 P - 3 反潜巡逻机上。

2.3.1.2 无人机

无人驾驶侦察机也称无人机，是 20 世纪 60 年发展起来的机种，可按预编程序控制飞行，亦可利用遥控系统由飞控人员操控飞行。迄今为止，各国研制的无人机种类愈发多样，起飞重量从十几克到上千千克，航程从几百米到上千千米，飞行时速从几十千米到超声速不等，并且还在不断发展之中。

与有人驾驶侦察机相比，无人机具备很多优势。一是制造及使用成本低廉，一般的战术无人驾驶侦察机系统造价远低于遂行同样任务的有人驾驶侦察机，并且飞行和维护成本也不及有人驾驶侦察机；二是环境适应性强，因为无须考虑飞行员生理承受能力，可设计较大的机动过载，并长时间留空执行任务，也可用于遂行危险系数较大的侦察任务；三是使用较为灵活，微型及小型无人机均无须机场保障，大型无人机可通过卫星通信链路中继，故任务适应性更强。当然，无人机也有一定的短板，比如十分依赖指挥控制系统和数据链路保障，通信、遥控链路易受干扰等。

无人机一般分为两大类：一类是专门用于遂行侦察监视任务的无人机，依据其飞行高度和航程可分为高空长航时无人机、中低空近程无人机等；依据遂行侦察任务可分为战略侦察无人机和战术侦察无人机等，如美军列装的 RQ - 4A "全球鹰" 无人机即高空长航时战略侦察无人机，而 RQ - 11 "渡鸦" 无人机即低空近程战术侦察无人机。另一类是针对时间敏感目标研发的察打一体无人侦察机，即在具备侦察能力的同时可挂载一定的武器载荷，兼具打击能力，以达到"发现即摧毁"的能力，典型的如在纳卡冲突中表现不俗的 TB－2 无人机。

2.3.1.3   预警机

预警机是空中预警与指挥控制飞机的简称，是空中侦察监视系统的一个重要组成部分，可以有效克服地面搜索雷达受地球曲率和地形地貌影响形成盲区的弱点，及时发现空中力量并引导己方战斗机进行攻击。

预警机通常由载机以及监视雷达、数据处理、数据显示与控制、敌我识别、通信、导航和无源探测七个电子系统组成。预警机一般均具有多种工作方式，可工作于脉冲多普勒、机载动目标显示或脉冲压缩体制，脉冲重复频率可在高、中、低频率范围内轮换，可同时测出目标的方位、距离、高度及速度。机载雷达对飞机的探测距离大，可同时跟踪的目标多，集预警、指挥、控制、通信功能于一体，起到活动雷达站和空中指挥中心的作用。预警机的短板主要是活动高度相对固定、机体雷达发射截面积大、机动能力较弱、技术复杂等。

依照预警机部署位置可分为陆基部署预警机与舰载预警机两类。陆基部署预警机一般从传统陆基机场跑道滑跑起飞，一般机体较大，可长时间留空执行任务，如美军装备的 E－3C、俄军装备的 A－50、我军装备的空警－2000 均属于此类。舰载预警机为部署在航空母舰上的预警机，主要为舰载机提供预警与指挥，受制于舰船尺寸和起飞距离，一般机体稍小或采用直升机作为平台，如美军的 E－2C 预警机即为舰载型，而俄军的卡－31 则为预警直升机。

2.3.1.4   浮空器

浮空器指的是平均密度低于空气，依靠大气浮力升空的飞行器，一般为系留气球、空飘气球及飞艇（热气球一般不算作浮空器）。早期在军事侦察领域主要使用自由式或遥控式空飘气球，其应用受气流和季节的限制，容易偏离目标地区和回收地区，现代较少使用（个别国家还在应用），现代气球侦察系统均采用系留气球。

系留气球一般不设动力系统，依靠系留缆绳与地面设备连接，一般由气球、任务载荷、系留缆绳、地面系留设施和地面控制站组成。系留气球大多采取流线型气囊并设置尾翼，类似飞艇，有利于减小风阻和提高气动稳定性，使天线指向稳定。位于气囊下的防风罩类似飞机吊舱，内安装任务载荷，侦察数据通过系留缆绳或无线通路向地面控制站传输。

系留气球侦察系统与其他航空侦察系统相比，有较好的经济性、隐身性和安全性；容易探测到低空、地面与海面目标；悬停时间长达半个月至几十天，受气象影响较小，能在强风下工作；探测距离远、覆盖范围广，悬停高度在几百至几千米时，雷达的地面视场面积可达几万至几十万平方千米。缺点是机动性和工作高度受缆绳限制，升放、系留和架设受地理限制，后勤补给措施复杂。

系留气球侦察系统是其他侦察系统的补充和应急备用手段，适用于低空侦察、对海侦察、战场监视、防空预警和沿边沿海缉毒缉私侦察等。如美军装备的 JLENS 即是利用系留气球搭载雷达系统探测低空飞行巡航导弹的战区级侦察预警系统。

除了系留气球，当前随着低空巡航导弹和无人机的威胁逐步增大，对远程大范围监视也提出了更多的需求，因此军用飞艇的研发也逐渐活跃起来。

2.3.1.5　微型航空侦察器

微型航空侦察器是 20 世纪 90 年代初期开始发展的一种飞行器，它并不是缩小的常规飞行器，而是在新原理、新技术、新结构、新材料基础上开发的全新概念的航空平台。微米技术对微动力、微机械、微控制器件、微传感器、微通信设备等技术的促进，以及高性能计算机和先进电子集成技术的突破，均为微型飞行器的发展起到重要推动作用。

　　微型航空侦察器一般是指三维尺寸远小于常规飞行器，重量以克计，续航时间短、巡航速度小、飞行高度低、航程近、价格相对低廉的迷你型飞行器。微型航空侦察器外形可采用固定翼、旋翼或其他布局，酷似各种昆虫或小型鸟类。一般用于在复杂环境下执行战术侦察任务，如在野外复杂地形和植被条件下弥补中高空侦察机的盲区，或在城市建筑物间隐蔽飞行或悬停，甚至进入建筑物或洞穴内部实施精确侦察和搜索。当然，由于尺寸的限制，微型航空侦察器的航程和留空时间受到较大限制，搭载的传感器种类也较为有限，因而难以执行大范围、长航时、多手段的战略侦察任务。但随着人工智能技术的成熟，利用大量微型航空侦察器组网构成蜂群效应从一定程度上可以改变微型航空侦察器的应用形式。美军已列装的长度仅 10 厘米左右、重量约 50 克的"黑色大黄蜂"无人机即为典型的微型航空侦察器。

2.3.2　航天侦察

　　随着人类航天技术的不断进步，利用空间资源进行情报搜集兴起于 20 世纪五六十年代，成为各航天大国发展的重中之重。航天侦察是指利用卫星、飞船、航天飞机、空间站、空间实验室等在轨航天器作为侦察平台，搭载多种传感器载荷，在近地空间对目标区域进行情报信息搜集的活动。航天和航空的区别主要在于高度不同，一般将 100 千米高度作为航天和航空的界限，航天器飞行高度高于 100 千米，而航空器飞行高度一般不超过 30 千米。

　　受益于宇宙空间的开放性以及无与伦比的高度资源，航天侦察手段也有显著的优点。一是不受国界和地理条件的限制，宇宙空间不受国界限制，可合法地进行过顶侦察监视。二是覆盖范围广，航天器沿既定轨道绕地球飞行，结合地球自转形成的轨道进动，理论上可覆盖全球范围。三是侦察速度快，航天器飞行速度超过 8 千米/时，低轨航天器绕地球一圈仅需 90 分钟左右，并可利用中继卫星和宽带数据链系统将情报信息实时回传。四是侦察连续性好，利用多星组网和多传感器组网技术，可以对特定目标实施全天时、全天候侦察监视。

完整的航天侦察系统一般由航天器、发射场、测控与通信系统及地面接收处理系统等组成。其中遂行侦察任务的航天器平台可分为卫星和载人航天器两类。侦察卫星是航天侦察的主要平台，由卫星星体设备和侦察载荷构成。航天侦察所使用的传感器与航空侦察基本相同，主要有光学传感器、雷达传感器和信号情报接收机等。

根据任务和侦察设备的不同，通常将侦察卫星分为成像侦察卫星、电子侦察卫星、海洋监视卫星、导弹预警卫星和核爆炸探测卫星等。其中，专门的核爆探测卫星已全部退役，其功能由导弹预警卫星集成。

2.3.2.1　成像侦察卫星

成像侦察卫星是利用星载传感器对地面目标进行成像，从而实现情报信息搜集的卫星，是目前发展得最早、最快，数量最多，技术也最成熟的卫星侦察体系。成像侦察卫星主要使用的遥感器包括可见光相机、红外相机、合成孔径雷达、多光谱或超光谱成像仪等。其基本工作过程为：卫星把目标区的图像信息记录在胶片或数字存储器上，通过回收送回地面或用无线电传输方式实时或延时送回地面，信息经加工处理后，判读和识别出军事目标的性质，并确定其地理位置。

成像侦察卫星为了获得较高的地面分辨率，通常采用近圆形的低轨道，轨道高度一般在 300 千米以下。按照星载侦察载荷的不同，可分为光学型、雷达型和混合型。

光学成像侦察卫星主要搭载光学传感器，可进一步细分为可见光、红外和多（高）光谱传感器；为有效提高侦察效率，卫星一般选择太阳同步轨道或回归轨道，具有分辨率高（空间对地观测最高分辨率可达 0.1 米）、效果直观等特点。但由于轨道高度较低，受高空稀薄空气分子的影响，轨道衰减较快，一般寿命不长；同时光学传感器受云层及暗夜影响较大。美军现役的 KH－12"锁眼"即为光学成像侦察卫星，主要搭载高分辨率可见光 CCD 相机和红外传感器。

雷达成像侦察卫星主要搭载合成孔径雷达，具备不受云雾、烟和光照条件影响的侦察能力，可进行全天时和全天候侦察。因雷达波具有一定的穿透性，雷达成像侦察卫星可用于识别伪装或浅表地下目标，可弥补光学成像侦察卫星的不足，但分辨率不及光学成像侦察卫星（空间对地观测最高分辨率可达0.3米）。美军现役的"长曲棍球"卫星即为雷达成像侦察卫星。

混合型成像侦察卫星同时搭载光学传感器和成像雷达。美国的"8X"卫星即为混合型成像侦察卫星，其搭载了光学照相机和合成孔径雷达，成像分辨率高达0.1~0.15米。此种卫星的最大优点是兼具光学成像侦察卫星和雷达成像侦察卫星的优点，保证卫星在任何气象条件下都能够准确地获取情报信息。

· **知识延伸**

— 美国"8X"卫星 —

为解决"锁眼"11号、12号存在的地面覆盖范围窄、驻留时间短等问题，美国研究发展了"8X"卫星。"8X"卫星是美国先进照相侦察卫星"锁眼"12号的改进型，是一种增强型照相侦察成像系统，也有人称其为"锁眼"13号（即KH-13），卫星口径超过4米，长度接近19米，重20吨左右，地面分辨率达到0.1米。这种卫星载有光学传感器和合成孔径雷达等先进仪器，其覆盖区域（视场）和数据传输速率相比"锁眼"11号、12号有大幅提升，而获得图片的清晰度与"锁眼"12号卫星一样，同时还可以执行导弹预警和电子侦察任务。

2.3.2.2 电子侦察卫星

电子侦察卫星又称信号情报卫星，是通过星载电子信号接收机侦收电磁辐射信号和通信信号以获取情报的卫星。电子侦察是航天侦察的重要手段，其主要任务为：精确测定对方雷达的位置，尤其是防空雷达和反导雷达的位置及其性质；侦察对方军用电台的位置及其无线电信号特征，并截获有价值的信息；侦察和接收对方导弹试验的遥测信号。其基本工作过程为：星载接收机侦收到各种电子设备的电磁辐射信号后，对其进行简单处理并根据卫星地面站的指令将截获的信息发回卫星地面站，由地面站的计算机进行详细的分析和处理，测定辐射源的各种特征参数及其位置，并进行定位编目，从中获取各种情报。

依据搜集信息类别，电子侦察卫星可分为电子情报型卫星（侦收雷达、遥测和遥控信号）和通信情报型卫星（针对无线电通信）。其有效载荷分别为电子情报接收机和通信情报接收机。

电子侦察卫星的轨道取决于其侦察对象和定位方法。为了兼顾定位精度和卫星长期工作的需要，通常采用大倾角圆形或近圆形高轨道。采用单星定位，就是利用测角或者测向定位辐射源的定位体制，通常选取 400～650 千米的轨道高度；采取多星定位，就是利用辐射源信号到达一组星座的不同卫星的时差来解算目标位置的定位体制，通常选取 1 000 千米以上的轨道高度。俄罗斯的"处女地 2"电子侦察卫星即采用单星定位体制，工作在轨道高度为 850 千米的圆轨道上，针对对手可能采取的静默和造假等欺骗手段，同时保持不间断监听。也有采用地球同步轨道的电子侦察卫星，如美军的"水星"电子侦察卫星即采用准地球同步轨道，主要用于截获通信信号。多种电子侦察卫星组网使用，可实现全天时侦收。

2.3.2.3　海洋监视卫星

海洋监视卫星是用来探测、跟踪、定位、识别、监视全球海面舰船、水下潜艇活动状况，并对敌方沿海岛岸雷达和通信进行监视和跟踪，侦收、窃听舰载雷达信号和无线电通信信号，为武器系统提供舰船之间、舰岸之间超视距目标指示，为作战指挥提供海上目标动态军事情报的卫星。依据其工作机理，可分为电子型（被动式）和雷达型（主动式）两类，其中雷达型海洋监视卫星耗能巨大，太阳能电池板难以承受，故需要配备核能源系统，仅有苏联发展过，目前早已退役，所以当前各国海洋监视卫星主要为电子型。其基本工作过程为：多颗卫星组成星座，通过星载电子信息收集系统，如石英晶体视频接收机、全向电子信息天线阵、多通带滤波器和倍频检波器等，同时截获舰载雷达信号，数据经星上简单处理后发回地面，地面系统利用信号参数确定信号源性质，同时利用时差解算目标位置。

为了实现对目标的及时发现和精确定位，电子型海洋监视卫星一般由3～4颗卫星组成星座，采用轨道高度1 000千米左右的临界倾角轨道，轨道面互相间隔90°～120°，卫星彼此相隔几十千米。美军的"白云"海洋监视卫星即属于电子型海洋侦察卫星，由4组16颗卫星组网工作，每组4颗卫星采取"1母3子"的形式，子卫星距母卫星50～240千米，成直角三角形排列，利用星载无源雷达干涉仪，同时对辐射源作三角测量和计算，进而分析判明对方舰队的位置、航向和航速等。

2.3.2.4　导弹预警卫星

导弹预警卫星是利用星载红外传感器等设备探测、监视和跟踪敌方弹道导弹发射，实现早期预警目的的侦察卫星。导弹预警卫星一般装有X射线探测器、γ射线探测器和中子计数器等，以兼顾探测核爆炸的任务。其基本工作过程为：卫星上的红外探测器阵列接收到导弹尾焰的红外辐射信号，信号经放大、调制送入信号处理器；信号处理器将信号变换成数字形式，并做滤波处理，测出目标的方位角和辐射强度，再从不同波长辐射强度之比以及辐射强度的变化换算出目标的速度和加速度，然后比较所得信息与判读标准，进行目标分类并识别出那些存在威胁的目标，随后发出警报；电视摄像机同时拍摄电视图像，并连续发送回地面站；经地面人员辨别分析不是虚警后，地面站计算机自动将卫星所测得的导弹发射数据及红外信号特征数据与事先存入机内的已知数据进行比较，计算出弹道，预测出导弹的落点范围。

为增强对不同地区来袭导弹的预警探测能力，同时也为战术弹道导弹来袭提供预警，当前的导弹预警卫星星座多采用高低轨道结合的设计方案。利用地球同步轨道卫星"紧盯"导弹可能的发射区域的同时，利用大椭圆轨道尽可能地让卫星停留在北半球上空（大多数具备弹道导弹发射能力的国家和地区均集中在北半球）以搜寻发射阵位更为灵活的中近程弹道导弹，再辅以低轨星座增强对来袭导弹的定位以及弹道推演能力。美军的天基红外系统（space-based infrared system，SBIRS）即由高轨和低轨两组卫星组成，其中高轨星座包括 2 颗大椭圆轨道卫星、5 颗同步卫星（其中 1 颗为备用），低轨星座有 24 颗卫星组网为"空间和导弹跟踪系统"的星座，作为高轨道卫星的补充。

2.3.3　临近空间侦察

临近空间通常指距地面 20～100km 的空间区域，其高于常规飞机的最大飞行高度，低于卫星的最低轨道高度，也称为近空间、近太空或亚轨道。20～100km 是一个约定俗成的范围，目前没有严格的界定。临近空间侦察，也称近空间侦察，指使用距地球表面 20～100km 空间范围内的侦察平台进行的侦察。

根据飞行方式和原理的不同，临近空间飞行器可分为轻于空气的飞行器（LTA）和重于空气的飞行器（HTA）。轻于空气的飞行器主要包括平流层飞艇、平流层高空气球（即超高空气球）、平流层半可控浮空器；重于空气的飞行器主要包括太阳能平流层飞机、平流层无人机、高超声速飞行器等。其中，太阳能平流层飞机和平流层无人机又统称为"超高空无人机"。根据飞行器飞行速度，临近空间飞行器可以分为低速（马赫数小于 1）临近空间飞行器和高速（马赫数大于 1）临近空间飞行器。低速临近空间飞行器是指能够以亚声速飞行的临近空间飞行器，包括高空气球、平流层飞艇、高空长航时无人机，以及一些新概念组合飞行器等；高速临近空间飞行器是指能以超声速或者高超声速在临近空间飞行的飞行器，包括高超声速巡航导弹、高超声速巡航飞行器、空天飞机和再入滑翔式无动力飞行器等。临近空间侦察监视平台不仅具有航空、航天侦察监视平台的诸多优点，而且还有很多自身独特的优势，可以弥补航空、航天侦察监视平台的不足。

2.3.3.1　平流层飞艇

平流层飞艇具有造价低、载重多、滞空时间长、控制性能好的特点，是低速临近空间侦察平台优先发展的对象。美军在临近空间平流层飞艇的发展方面技术水平较高，军事应用程度深，平流层飞艇研制计划多。由于平流层飞艇在国土防御和解决局部危机或冲突中有着重要的应用，美国军方各兵种对平流层飞艇有着明确而紧迫的需求，已将其列入一些重要的军事规划中。美国综合传感器即是结构（integrated sensor is structure，ISIS）飞艇是一种传感器与飞艇结构集于一身的大型平流层飞艇，它的设计采用飞艇/遥感器共型结构方式，可携带一个与飞艇尺寸相当的巨型雷达，实现对地面目标和空中目标的持续监视。

2.3.3.2　高空长航时无人机

高空长航时无人机主要指飞行高度在 20～30km 之间，飞行时间达数十小时甚至 1 年的高空战略侦察机、太阳能无人机等，其主要采用太阳能、氢燃料电池等新型能源，轻质结构，依靠空气动力达到临近空间。与气球或飞艇相比，高空长航时无人机可实现快速机动且长时间滞空飞行。

其中，超高空太阳能无人机凭借超高空、长航时、易保障这三大特点，未来有望承担起长时间空中预警、大面积空中侦察，以及灾害检测、气象观测、通信中继等任务。太阳能无人机具有较高的运行效费比，相比于卫星，其具有成本低、部署灵活等优势，还可与高空巨型飞艇配合，以固定平台与机动平台的高低搭配形式，形成区域全覆盖的不间断态势感知、通信和中继网络。

2.3.4 地面侦察

地面侦察主要是综合利用设置在陆地表面固定站点或机动平台上的光学、雷达、电子等多种侦察传感器来实施情报信息搜集，发展较为成熟、手段较为丰富。地面侦察平台主要有雷达站、侦听站、观察站、各型侦察车辆、便携侦察设备等。其主要优点有侦察平台建造相对简单，技术、成本和环境限制条件相对较少，手段极其丰富，可互为补充；但也存在难以兼顾侦察范围和机动性，受地球曲率和地形地貌影响较大的问题。

地面侦察站通常为大型固定侦察阵地，装备大型无线电接收设备或大孔径多功能雷达，可以对特定目标或方向实施远距离、大范围、长周期的综合侦察，是非战争时期重要的情报搜集方式。地面侦察站按使用设备的不同可分为信号情报侦收站和雷达站等。移动式平台一般依托各型车辆设置，其物理尺寸较小，移动速度较快，可依据具体的侦察任务临机部署，是战时情报搜集的主要手段之一，可分为有人驾驶车辆、无人车辆以及单兵便携式器材等。

2.3.4.1 信号情报侦收站

信号情报侦收站一般针对各自重点监测方向抵近部署，如在靠近目标方向的国境线、边境线、沿海海岸的附近区域，通常设在地势较高或地势平坦的地点，用于对特定区域的信号情报进行搜集和处理。与天基或空基手段相比，地面站点的侦察设备受物理空间限制小，具备较好的工作环境，建设施工也相对容易，因此信号情报侦收站一般都安装有尺寸巨大的大孔径接收天线，同时采用多部天线构成天线阵列；后端处理设备部署也较为从容，可配备高灵敏度、宽频率覆盖的多组接收机和综合信息处理设备，侦察波段覆盖长波、短波、超短波、微波等，信号情报搜集、处理分析能力较强。

固定侦收站目标较大且难以转移，因此战时抗毁能力较差，主要用于日常情报搜集和监控，且受国土面积限制，无法完全抵近目标区域，如若海外部署，外交压力较大。基于上述原因，美国关停了位于日本三泽空军基地的通信情报侦收站，全部依托其强大的电子侦察卫星提供情报搜集能力。

2.3.4.2 雷达站

与信号情报侦收站类似，地面雷达站受物理空间限制较小，通常安装多部功能不同的大型雷达，一般部署于面向重要战略方向的山顶等无遮障区域。地面雷达站能在恶劣的气候条件下工作，可对目标区域进行全天候、全天时的实时侦察和监视。

雷达站的大型远程预警雷达，可以实现对飞机、导弹甚至空间目标的远程探测，一般用于早期预警、导弹防御、空中目标监测等任务；战场监视雷达可以探测、定位、识别陆上目标（步兵分队、坦克、装甲车等）、海上目标（艇、船、舰）和空中目标（直升机、无人机等低空慢速小目标），以及各类固定目标（指挥所、发射阵地、部队集结地和后勤设施）。如美军部署的 AN/FPS-85 特高频相控阵雷达站即为隶属其太空司令部的远程预警雷达站，主要用于监视和跟踪轨道上的航天器和其他人造物体，占地面积较大，天线暴露特征十分明显。

地面雷达站的缺陷主要在于电磁波束沿直线传播难以克服地球曲率影响，以及位置相对固定易受干扰和打击等。

2.3.4.3 地面机动侦察系统

地面机动侦察系统主要指采取机动、移动或者便携的方式遂行地面侦察任务的侦察系统，包括使用装甲侦察车、无人侦察车、便携式侦察设备搭载侦察装备遂行侦察任务。

常见的机动侦察平台为装甲侦察车，一般具有高机动性和一定的火力与防护力等作战能力，主要搭载雷达、光电传感器、核生化探测器等传感器遂行战术侦察任务。如美军装备的 M3 "布莱德利" 履带式装甲侦察车和 M1127 "斯特赖克" 轮式装甲侦察车。

无人侦察车通常以小型车辆为主，一般通过遥控的方式执行战场侦察任务，搭载的传感器以光学传感器和单兵雷达为主，亦可装备轻型武器，是当前战场侦察的重要发展方向。如俄军在叙利亚战场投入使用的"天王星"遥控机器人即为典型的无人侦察车辆。

便携式侦察系统通常为人力背负式侦察系统，也可安置于轻型车辆上，主要作用为拓展单兵感知范围，提高作战效能。如我军装备的 BS-903 便携式战场活动目标侦察雷达即为典型的便携式陆上侦察系统。

地面机动侦察系统数量庞大，部署灵活，是战场监视系统的重要组成部分，可有效弥补其他手段的情报空白，但存在型号庞杂、探测范围有限等问题。

2.3.4.4　地面传感器系统

地面传感器系统是 20 世纪 60 年代中后期出现的一种被动式、全天时、全天候，能适应各种环境工作的新型侦察设备，具有侦察范围广，侦察纵深远，不受地形和天候条件影响，隐蔽性好，抗干扰能力和生存能力强，获取情报准确、及时、不间断，布设方便灵活等特点，可用于实施侦察、警戒监视、防敌渗透入侵等任务。随着智能弹药和精确打击的出现，地面传感器系统亦可用于作战效能评估。一般布设在敌人活动地域或可能入侵的地段、要道上，特别是其他侦察器材无法到达的受地形、地物遮挡的地域。

地面传感器系统的主要任务是将测得的信息变换成便于传递的电压、电流、电阻等物理量，主要针对地面目标运动所引起的电、磁、声、振动和红外辐射等物理量的变化进行探测，将其转换成电信号并传输回处理站。

目前大量使用的地面传感器有振动传感器、声响传感器、磁性传感器、应变电缆传感器、红外传感器等，大多具有结构简单、便于携带埋伏、易于伪装等特点，可用飞机空投、火炮发射，或人工布设的方式投送。要发挥传感器侦察效能，一般需要将不同类型和不同发射频率的传感器混合使用，呈矩阵状部署于战场空间各个角落，以提高传感器系统辨别能力。

地面传感器一般无法回收，即使单个的传感器、中继器和发射器价格低廉，但组网使用还是受到一定的成本限制，并且作为可发送电磁信号的电子设备，存在被侦获、压制和干扰的可能。

2.3.5 海上侦察

海上侦察主要是搜索、探测、识别和跟踪海上方向的水面与水下目标，它是以海域岸基、海上舰船和水下运行器等作为平台，携带光电、雷达、信号情报侦察、水声探测等设备，对海域各类目标进行综合侦察。前文所述的天基、空基与陆基平台均有专门针对海上目标的系统与装备，因此仅介绍海上侦察平台。依据海上搭载平台的运行空间，可分为水上侦察平台和水下侦察平台两大类。

2.3.5.1 水上侦察平台

凡是携带侦察装备的水面舰艇均具有水上侦察能力，如巡洋舰、驱逐舰等主力舰艇均可依托本舰装备的对空搜索、对海搜索设备遂行海上目标侦察与监视任务，其搜索设备多为舰载雷达和各类传感器。这里主要讨论专门遂行侦察任务的水上侦察平台。

专门执行侦察任务的舰船包括专用海上侦察船、水面作战舰艇和无人水面舰艇等。专用海上侦察船按侦察任务的不同可以分为信号侦察船和海洋监视船，一些大型侦察船也可同时担负这两类侦察任务。

信号侦察船通常搭载各种频段的信号侦察接收机、雷达侦察接收机、测向仪、解调终端、记录设备、信号分析仪及多种接收天线，主要用于无线电监听、雷达信号搜集和导弹发射信号监测等无线电侦察任务，相当于将地面电子情报侦收站安放于大型舰船上，以满足机动侦察的要求。信号侦察船满载排水量一般为数百吨至数千吨，多采用柴油机作为动力装置，航速 20 节（1 节约为 1.852 千米/时）以下，通常设有减摇设备和补给接收装置，具有良好的稳性、耐波性、适航性和较大的续航力、自持力，能较长时间在海上进行电子侦察活动。由于信号侦察船执行的任务较为敏感，容易引起冲突，因此大多数信号侦察船都以拖网渔船、科考船的形式来伪装自己，便于在公海上或抵近他国领海进行侦察活动。信号侦察船自卫能力弱，多单独活动，平时极易引起侦察对象的注意，战时易遭攻击。

海洋监视船又称海洋测量船，主要搭载拖曳式阵列声呐，用于反潜探测、海底水文测量等水下目标侦察任务。美国海军和日本海上自卫队均装备了海洋监视船，分别为美军的"胜利"级和"无瑕"级，日本的"响"级。这类海洋监视船与海岸声呐配合使用，满载排水量一般在 2 000 ~ 5 000 吨，航速为 10 节左右，续航能力为 7 000 ~ 12 000 千米，有的还配备有 1 ~ 2 架反潜直升机。

导弹跟踪测量船又称航天测量船，通常搭载一系列雷达和光电跟踪设备，主要用于跟踪和测量敌方各种中、远程弹道导弹的试验数据，精确测定其飞行弹道、飞行速度、射程和落点等参数情况，搜集有关敌方弹道导弹的战略情报，同时也可保障本国弹道导弹和运载火箭的发射和试验任务，相当于将空间目标遥测站安放于舰船上。航天测量船因任务面较窄，数量不多。美军装备的 T - AGM - 25（"霍华德·劳伦兹"号）即为典型的导弹跟踪测量船。

无人水面舰艇（unmanned surface vehicle，USV）是部署在水面舰艇平台上的可收放式低成本小型无人智能平台。侦察用无人水面舰艇主要负责探测浅海水雷、潜艇等水下目标，可以有效提升水面舰艇的战场侦察范围。如美军的"斯巴达侦察兵"无人舰艇即为典型的水面无人侦察船。

2.3.5.2 水下侦察平台

水下侦察是在水中进行的侦察，绝大部分的水下侦察发生在海水中。前面关于水声传感器已说明海水介质与空气介质的不同，因此各类水下侦察平台都是以各种声呐为主要的侦察装备。水下侦察平台主要包括潜艇、无人水下潜航器和水底传感器等。

潜艇是最主要的水下航行平台，同样也是水下侦察的主要平台。潜艇通常装备多部声呐，用于环境与目标探测。艇艏声呐能敏锐地接收高频信号，可以发现采用高速螺旋桨推进的鱼雷；侧舷舰壳声呐采用宽孔径阵列，沿艇身布放，主要接收中低频信号，用于计算目标距离并引导攻击；拖曳线阵列声呐是潜艇最主要的探测设备，工作于低频段，可探测到远距离的目标；潜艇还装备主动声呐截获装置，能够获取敌方主动声呐参数信息，进而判定目标类型；潜艇的桅杆上一般装备工作距离有限的超高频主动声呐，主要用于探测水雷；潜艇还必备水声测深仪，这是一种小型的高频主动声呐，用来探测龙骨下方水深。

随着导航技术和智能化技术的飞速进步，无人水下探测器逐步成为水下侦察的重要平台，无人水下潜航器（unmanned underwater vehicle，UUV）是一种小型可回收式水下智能平台，通常以潜艇或水面舰艇为搭载平台，可长时间在水下自主远程航行。侦察用无人水下潜航器可对海水物理性质进行探测分析，可对潜艇、水雷等水下目标进行搜集监视，同时将获得的战场信息数据实时回传至施放平台。较之于潜艇，无人水下潜航器尺寸小、成本低，适于长时间远距离执行侦察任务，在海洋中发现和捕获这类小目标较为困难。美国海军攻击核潜艇装备的"任务可重构无人潜航器系统"即为较成熟的无人水下潜航器。

水底传感器是将声呐预先布放在港口、海峡、重要航道以及近海区域的海底，对过往潜艇实施有效监听警戒，必要时引导岸基或海上的反潜兵力实施对潜攻击。这种海底声呐通常由主动式和被动式声呐系统布置成阵，规模巨大，工作隐蔽性强，侦察效果好，目标探测距离远。如美国在20世纪50年代开始在海底铺设固定式听音器（SOSUS），听音器分布于北美洲大陆东西沿岸、阿留申群岛、日本海域、格陵兰岛与不列颠群岛间及五大洋中，主要用于监听苏（俄）水下潜艇舰队。

随着军事技术的飞速发展与军事理论的不断更新，现代军事侦察行动呈现出全天候、全天时、立体化、大纵深、高机动、快节奏、高强度、强对抗的特点。一体化联合侦察是有效提高台式感知能力的主要手段，即将传感器技术与侦察平台技术充分融合：一是以功能组合为基础，综合利用多种侦察技术或手段，如可见光、激光、红外、雷达等，并可实施自主导航定位，具备昼夜、全天时、全天候的侦察能力；二是以高机动平台为依托，提高快速反应能力及侦察力量投送能力；三是以信息融合处理为核心，提高情报信息的时效性和准确度。

第 3 章

军事情报传输技术与装备

军事情报传输技术伴随人类武装冲突的出现而产生，并随着战争形态的演变而不断发展，也是推动现代军事信息系统发展的核心动力之一。从古至今，军事情报传输技术在战争中的应用经历了漫长的发展过程，比如古代的消息树、烽火台，以及至今仍在使用的信号灯等，都是军事情报传输技术在战争中不同应用的典型案例。特别地，随着电子技术、信息技术在各武器系统中以及战场领域的不断应用，战争形态也不断发生着改变，军事情报传输技术的作用也越来越突出。因此，军事情报传输技术逐渐成为敌对双方在军事领域争斗的焦点，现代战争的胜利越来越依赖于安全可靠的信息传输技术。

3.1 军事情报传输技术概述

在客观世界中，任何事物都不是孤立存在的，都是与其他事物相互联系的。而事物之间的联系，本质上就是物质、能量和信息的交流，信息是除物质、能量之外存在于客观世界的第三要素。信息是通过一定载体反映出来的、表征客观事物及其相互联系程度和规律的陈述，是关于客观事物运动状态或其存在方式不确定性的、抽象的、本质的描述。信息具有可量度、可识别、可利用、可共享、可转换、可存储、可压缩、可处理、可传递、可再生等特性，而传递是人类社会各种活动中不可缺少的重要环节。及时获取并准确传递军事情报信息是一项非常重要的任务。

3.1.1 基本概念

3.1.1.1 信息传输技术

信息传输是指将信息可靠、有效地从发信者（信源）传输给另一个时空点的收信者（信宿）的实现过程。实现这个过程的相关技术则被称为信息传输技术。

信息传输技术可以用于工业、农业、政治、经济、军事等各个领域，而用于军事情报的信息传输技术，可以称为军事情报传输技术，它是将表达情报的语言、文字符号和图像跨越一定的距离传送到目的地的方法技术。

3.1.1.2 通信系统

1. 通信的目的与通信系统的分类

通信的目的就是克服障碍，迅速而准确地传输含有信息的消息。按照消息的物理特征，通信系统可分为电报通信系统、电话通信系统、数据通信系统和图像通信系统等；按照调制方式，通信系统可分为基带传输系统和调制传输系统两种；而对应于模拟信号和数字信号，通信系统又可分为模拟通信系统和数字通信系统等。

2. 模拟通信与数字通信

模拟通信是传输模拟信号的通信方式，其信源、信道、信宿等均是模拟的，具有信道利用率高、设备不易集成、抗干扰能力和保密性差等特点；数字通信是传输数字信号的通信方式，其信源既可以是模拟的，也可以是数字的，具有信道利用率低、业务种类多、可采用再生中继实现高质量的远距离传输、抗干扰能力强、适于加密、设备易集成和微型化等特点。模拟通信系统就是利用模拟信号传递消息的通信系统；而数字通信系统则是利用数字信号传递消息的系统。

3. 基本模型

模拟通信系统与数字通信系统的一般模型如图 3-1、图 3-2 所示。其中，通信链路既指发送端与接收端之间的信道或者区域，又指整个通信路径：从信源开始，通过编码和调制过程，经由发信机和信道，直至包含所有信号处理功能的收信机，最后结束于信宿。在无线应用中，发射时还需将信号频率上变频到射频（radio frequency，RF）频段，并经高功率放大器馈送至天线发射；接收时则需依靠天线、低噪声放大器等截获信号，并进行相应的下变频处理。

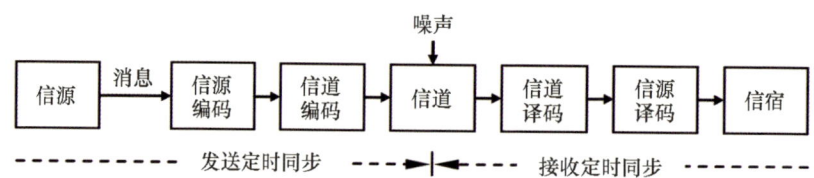

图 3-1　模拟通信系统的组成

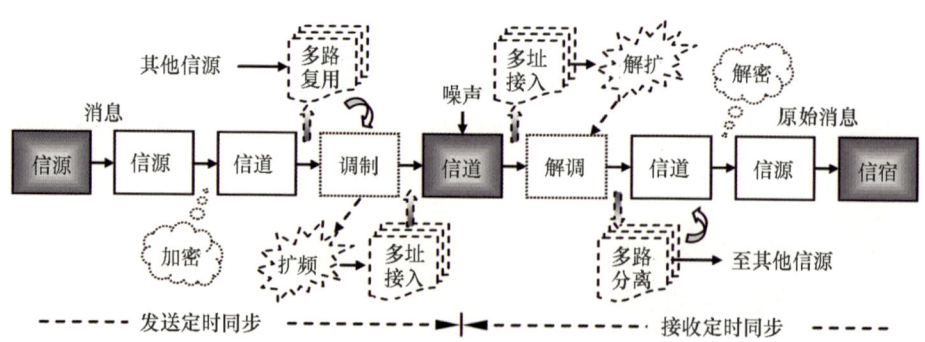

图 3-2　数字通信系统的组成

（1）信源与信宿

信源是把待传输的消息转换成原始电信号，信源输出的信号通常被称为基带信号。基带信号是指没有经过调制的原始电信号，又可以进一步分为数字基带信号和模拟基带信号，相应地，信源也可分为数字信源和模拟信源。信宿则是把原始电信号转换为消息的设备。

（2）信道

信道是连接发信机和收信机的电磁通道，是以传播媒介为基础的信号通路。信道是实现通信的物理基础，其质量对通信系统的性能具有决定性的影响。根据研究需要，信道通常分为狭义信道和广义信道。狭义信道是指信号传输的媒质，可以分为有线信道和无线信道两大类。利用自由空间电磁波传递信号的被称为无线信道；利用某种传输线，例如架空明线、电缆、光缆等传输电磁信号的称为有线信道。广义信道是根据研究对象来划分的，通常可以划分为调制信道和编码信道。

对大多数地面无线（长波、中波、短波、微波以及声波、光波等）通信链路来说，信道由大气层（高度≤20千米）构成，且部分与地球表面相连。而对位于35 800千米同步轨道高度的卫星链路而言，信道则主要由真空环境构成。

（3）信源编码和信源译码

信源编码是对信源进行有效的描述（如格式化、压缩等）以减少存储或传输信源数据采样值所占用的存储空间或频带宽度，其目标是根据给定的可达到比特率形成高效精确的信源描述，或者说是用低比特率来描述给定保真度的信源。信源编码将时间、幅度上连续变化的模拟电信号变换成时间、幅度上均离散的数字信号。为了提高信道利用率，通常需要进行压缩编码，以降低信号经信源编码后的比特率；为了提高信息传输的安全性，需对信息进行加密处理，以防止敌方窃取。对于离散信源，产生低数据率描述的能力，取决于信息内容和信源符号之间的统计相关性；对于模拟信源，在一定保真度标准下，产生低数据率描述的能力，取决于振幅分布和信源波形的时域相关性。

信源译码是信源编码过程的逆过程。

（4）信道编码和信道译码

信号在传输过程中，会受到信道中噪声干扰的影响，使所传输的信息出现差错。信道编码就是为提高通信性能而把消息变换为适合于信道传输的信号的处理过程，以便使所传输的信号更好地抵抗诸如噪声、干扰及衰落等各种信道损伤的影响。信道编码在信息序列上附加一些监督码元，利用这些冗余的码元，使原来没有规律或者规律性不强的原始数字信号变为有规律的数字信号，差错控制译码则利用这些规律性来判断传输过程中是否发生错误，并根据所采用的信道编码类型确定能否纠正错码。值得指出的是，信道编码侧重于提高消息的可靠性；而信源编码则侧重于提高消息的有效性，减少所需的系统资源。

信道译码则是将信息从编码序列恢复出来的过程。

（5）调制与解调

调制是将基带信号频谱通过载波进行搬移的信号处理过程；而解调则是借助参考波形完成的逆调制，是从已调信号中将基带信号恢复的过程。当所采用的参考信号是所有信号参量（特别是相位）的测度时，这一过程就称作相干解调；若不需要相位信息，则是非相干解调。

通常，实现调制、解调的设备分别称为调制器与解调器，并统称为调制解调器。调制解调器是利用模拟信道（如一条有效传输频带为 300~3 400 赫兹的模拟电话载波信道或各种无线信道）传输数据时必不可缺的设备，可看作利用模拟传输信道构成数据电路的终接设备。

为了使信号在信道中传输时契合信道的传输特性，需要用基带信号对载波进行调制，具体调制方法通常可以分为模拟调制和数字调制，其中模拟调制通常包括调幅、调频和调相等，数字调制包括移幅键控、移频键控和移相键控等。在军用通信系统中，为了对抗敌人的干扰，需要采取扩频、调频等措施，这些措施通常也被归为调制技术。

（6）定时同步

在通信系统中，良好的同步将协调系统各部分的正常工作并保证接收端精确地接收信号。针对通信链路的接收端，采用相干解调时一般需要频率同步、相位同步、码元同步和帧同步等；而采用非相干解调时则需要频率同步（但允许接收机产生的载波副本与接收载波有任意常数的相位偏移）、码元同步和帧同步。针对通信链路的发送端，则需要发射机同步，即网同步。例如在卫星通信网中，多个地面终端向同一个卫星发射信号，多数情况下发射机通过接收机的返回路径来估计其同步准确性。此时，发射机的同步就意味着双向通信或网络通信。码元同步和帧同步都是时间同步。码元同步是为了提高码元的检测性能；帧同步是为了重构信息，是使用多址技术的前提；网同步是为了协调不同用户以便更有效地利用资源。

（7）多路复用和多址接入

多路复用和多址接入是把不同特性或信源的信号进行合成，以便高效地共享通信资源。通信资源是指一个给定系统进行信号处理所能使用的时间和带宽等。通常，对通信资源的分配包括频分（frequency division，FD）、时分（time division，TD）、空分（space division，SD）、码分（code division，CD）或多波束频率再用，以及极分（polarization division，PD）或双极化频率再用等基本方法。

在多路复用中，用户对通信资源共享的需求是固定的或缓慢变化的，通信资源一般可预先分配，共享在局部端点或本地（如同一块印刷电路板上或同一个设备中）进行，并使用先验算法和嵌入硬件的形式。在多址接入中，共享则动态变化，并在远程（如多用户共用的同一个卫星转发器）自适应进行，且要求有一些系统开销以供自适应算法的运行。

（8）扩频和解扩

扩频（spread spectrum，SS）是由与数据无关且所占带宽远大于发送消息所需最小带宽的扩频信号实现的，既可在频域进行，又可在时域进行，或同时在频域和时域进行；而解扩是恢复原始信号，是通过将接收到的扩频信号与其同步副本相关完成的。扩频既能抑制自然或人为干扰，降低能量密度，又能提高通信系统的保密性、时间分辨率和多址接入能力。

（9）加密和解密

加密包括分组加密和流加密等，是指在发信端对明文进行的变换（即消息伪装），以提供通信的保密性和身份验证，防止未被授权的用户获取信息（窃听）或将差错信息加入系统中（欺骗）。解密则是指在收信端对接收到的消息所进行的反变换（即明文估计）。

3.1.2　传输方式分类及主要性能指标

3.1.2.1　传输方式分类

信息传输也就是通信，目的是可靠、有效地传递消息。通信可以分为很多类别，下面是几种较常用的分类方法。

1. 按传输媒质分

按消息由一地向另一地传递时传输媒质的不同，通信系统可以分为两大类：有线通信和无线通信。有线通信可以分为明线通信、电缆通信、光纤通信等；无线通信可以分为微波通信、短波通信、移动通信、卫星通信、散射通信等。

2. 按所传信号的特征分

根据通信系统中的传输信号类型不同，通信系统可以分为模拟通信系统和数字通信系统。

3. 按工作频段分

按通信设备的工作频率不同，通信系统可以分为长波通信、中波通信、短波通信和微波通信等。

4. 按调制方式分

根据消息在传输时是否采用调制，将信息传输分为基带传输和频带传输。基带传输是将没有经过调制的信号直接传送，而频带传输是对各种信号进行调制后再送到信道中传输。

5. 按消息传送的方向与时间分

如果通信仅在点与点之间进行,那么按消息传送的方向与时间不同,通信可分为单工通信、半双工通信和全双工通信三种。单工通信是指消息只能在一个指定的方向上单向传输的工作方式,即通信双方中的一方固定为信源,另一方则固定为信宿,例如广播、遥控等;半双工通信是指通信双方可以在两个方向上交替传输消息,但二者不能同时进行收和发的工作方式,即通信双方中的每一方既可作为信源,又可以作为信宿,但不能同时作为信源与信宿,例如使用同一载频工作的普通无线电收发报话机等;全双工通信是指通信双方在两个方向上同时传输消息的工作方式,即通信双方中的每一方可同时作为信源与信宿,例如普通电话等。

6. 按数字信号排序分

串行传输是指比特流以单个的串行方式在一条信道上传输。串行传输必须解决收、发双方保持码元或字符同步的问题,以便接收方能够从接收到的比特流中正确地区分出每个字符。串行传输因只需要一个信道,易于实现,是目前主要采用的传输方式。

并行传输是指比特流以成组的并行方式在多个信道上同时传输。如图 3-3 所示,8 个信道并行传输 8 比特字符编码,一次就可完成一个字符的

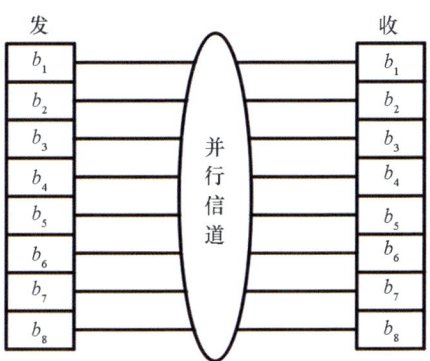

图 3-3 并行传输

传送，且不需要附加同步信号，这也是并行传输的一个主要优点。但因并行传输需要多个并行信道，往往带来了设备或实施条件上的限制，故目前一般较少采用。

3.1.2.2 主要性能指标

通信系统的任务是传递信息。每一个携带消息的信号中必定包含接收者需要知道的信息。为了衡量通信系统的传输能力，需要对被传送的信息进行定量的测度。在研究或评价一个通信系统的好坏时，必然涉及系统的质量指标问题。数字通信系统有许多质量指标，涉及电气特性、工艺结构、使用维修、经济效益等。归纳起来主要有有效性、可靠性、适应性、标准性、经济性、保密性和使用维修性。有效性指消息的传输速度；可靠性指消息的传输质量；适应性指环境的使用条件；标准性指元器件的标准互换性；经济性指成本是否低，多用性能价格比来表示；保密性指是否便于加密，这点对于军事情报信息传输系统显得尤为重要；使用维修性指是否便于使用、便于维修。

其中最主要的是有效性和可靠性，因为这两个指标基本上体现了对信息传输迅速、准确和不间断的要求。如前所述，通信的目的就是迅速、准确地传输含有信息的消息。因此，传输信息的有效性和可靠性是通信系统最主要的质量指标。有效性是指信道在单位时间内传输消息的能力，可靠性是指信道传输消息的准确程度，两者既相互区别又相互联系，但通常也是可互换的。

1. 有效性指标

模拟通信系统与数字通信系统的一个主要区别是性能评估的方法不同。

模拟通信系统的波形是连续的，有无穷多个，其接收机必须处理无穷多个波形。衡量其性能的指标是有效传输带宽；相比之下，数字通信系统或传输系统一般只处理离散消息的有限集合，即发射机发送的是代表数字的信号，这些数字组成一个有限集或字符表，且对于接收机而言，该集合或字符表是先验已知的。接收机也不以恢复出精确波形为目的，而是对有噪声和干扰的信号进行判决，以确定接收到的消息是发射机发送的有限波形集合中的哪一个。衡量其性能的主要参数是从工程实践中提出的传输速率、差错概率、可靠性与经济性等。

传输速率是衡量通信系统传输能力的主要指标。它有以下三种不同形式的定义。

（1）码元传输速率

码元传输速率简称码元速率，是指单位时间内传输信号码元的个数，又称调制速率或波特率，用符号 R_B 表示。如果单位时间为秒，那么码元速率的单位为波特，如果信号码元持续时间（码元宽度）为 T_b，那么，码元速率 R_B 为

$$R_B = \frac{1}{T_b}$$

（2）信息传输速率

信息传输速率简称信息速率，又称比特率，是指单位时间内传输信息量的多少，通常用符号 R_b 表示。其单位是比特/秒（bit/s 或 bps），有时也用千比特/秒（kbit/s）、兆比特/秒（Mbit/s）等。

其中比特是信息量的度量单位。在数字通信中，如果使用代码"1"和"0"的概率是相等的，则每个"1"或"0"就含有 1 比特的信息量，所以习惯上也用比特来表征二进制数字信号的位。

一般来讲，信息传输速率实际上就是数据传输系统每秒传输二进制码元的个数。根据实际需要，信息传输速率已形成国际标准系列，一般是按 $2^n \cdot 150$ 的算式确定，其中 n 为正整数。如有 300 比特/秒、600 比特/秒、1 200 比特/秒、2 400 比特/秒……19 200 比特/秒等速率。也有不按这一算式确定的速率，如 14.4 千比特/秒、64 千比特/秒、128 千比特/秒等。

（3）消息传输速率

消息传输速率简称消息率，是指每秒从数据源发出的数据比特数或字节数，通常用 r_m 表示，单位是比特/秒或字节/秒。

对于 M 进制数据来说，每一码元的信息量为 $\log_2 M$ 比特，因此，若码元

传输速率为 R_B，则对应的比特率为

$$R_b = R_B \log_2 M$$

式中，整数 $M \geqslant 2$。

而消息传输速率为

$$r_m = \eta R_b$$

式中，传输效率 $\eta < 1$。

通常，把 300 比特/秒以下的比特率称为低速，300 ~ 2 400 比特/秒的比特率称为中速，2 400 比特/秒以上的比特率称为高速。一般在面向终端的局部网中，多采用低速和中速传输，而在广域互联网中，则需用每秒数兆乃至数十兆比特的高速传输。

2. 可靠性指标

模拟通信系统的可靠性通常可用整个通信系统的输出信噪比来衡量。在实际模拟通信中，发送信号与接收信号产生误差的原因有两个：一是信号在传输时叠加噪声，称之为由加性干扰产生的误差；二是传输信道特性不理想，称之为乘性干扰产生的误差。

数字通信系统的可靠性表示的是消息传输的质量。信号在信道中传输，不可避免地会受到外界的噪声干扰，信道不理想也会带来信号的畸变。当噪声干扰和信号畸变达到一定程度时，就可能导致接收的错误。因此衡量数据传输质量的指标就是差错率。

差错率通常用误码率、误信率、误字率来表示。差错率是一个统计平均值，因此在测量或统计时，总的码元（比特）数要达到一定的数量，否则得出的结果将失去意义。

（1）误码率

码元差错率简称误码率，是指在传输的码元总数中发生差错的码元数所占的比例。当统计的码元数很大时，它与理论上的码元差错概率很接近。

（2）误信率

比特差错率简称误信率，是指在传输的比特总数中发生差错的比特数所

占的比例。当统计的比特数很大时，它与理论上的比特差错概率很接近。当信道不能满足误信率要求时，就必须增加纠错措施，如信道编码等。

（3）误字率

码组差错率简称误字率或误组率，是指在传输的码组总数中发生差错的码组数所占的比例。误字率与误信率也存在一定的关系。

一般地，误码率不涉及差错的分布。然而，实际信道中所产生的差错既可能是在单个码元中随机出现的独立型差错，且在时间上是均匀分布的，可由误码率及码组长度推出误字率；又可能是在同一码组或相邻几个码组中成片出现的突发型差错，在时间上是不均匀分布的，此时采用误信率或误字率将更为贴切（在特定的差错控制下）。

3.1.3 军事情报对信息传输技术的需求

军事情报对信息传输技术提出了很高的要求，这种要求可以概括为八种军事能力和八种技术能力。

3.1.3.1 军事能力

1. 抗毁顽存能力

信息传输设施历来都是敌方首先攻击、杀伤的目标，西方国家作战条令明确规定：战前要首先干扰、破坏敌方 50% ~ 70% 的信息传输设施；第一次火力准备要摧毁敌方 40% 的通信设施。因此，军事情报信息传输系统必须具备硬杀伤后的自组织、自愈的抗毁能力，以及防止电子高能武器的破坏与损伤的能力。

2. 抗电子战能力

信息传输中的干扰与反干扰、侦察与反侦察、保密与窃密、定位与反定位贯穿作战过程的始终，军事情报信息传输系统必须具备各种抗御电子战的能力，才能对付敌方电子战的软杀伤。

3. 安全保密能力

军事情报信息传输系统所传输的各类信息，无时不在敌方的监视、侦收、窃听的威胁之中，如若措施不力，各种信息传输设施将会变成敌方的情报源。

4. 机动通信能力

军事情报信息传输系统需要能够保障部队远距离、高度机动信息传输能力，同时还需要保障信息平台、通信平台、武器平台在高度机动过程中的指挥控制不间断。

5. 协同通信能力

现代战争需要陆海空三军联合作战，需要空地一体协同配合，以发挥兵力和武器的综合优势，而这种联合作战只有通过协同的信息传输才能实现。

6. 快速反应能力

现代武器系统高速攻击和兵力的快速机动，加快了战争发展变化的节奏，军事情报信息传输业务量大大增加，加之网络自身受损，这些因素导致信息堵塞、时延增大。这就要求信息传输系统具备快速响应、实时调整、补充网络资源的能力。

7. 个人通信能力

现代战争的高度机动性、破坏性要求情报人员能随时随地与部队保持通信联络，即应具有个人通信能力，不仅要能通过其随身携带的通信终端随时连接到通信网，及时、准确地提供情报信息，而且还要能在网内任何终端设备上以其个人身份、特殊保密编号，获取或输入与其身份适应的语音、数据、图像、位置报告等情报信息。

8. 整体保障能力

军事情报信息传输系统要能够综合利用各种手段，实施全纵深、全方位的整体保障，需要在保障方向上有多向性，重点方向上有多变性，层次上呈现交叉性。

3.1.3.2　技术能力

对于军事情报信息传输系统，其技术能力主要有以下八个方面：一是多层次、全方位、大纵深、立体覆盖能力；二是多网络无缝连接能力；三是高速、宽带信息传输与交换能力；四是语音、数据、图形、图像多业务的综合能力；五是互联互通、互操作能力；六是全天候的可靠工作能力；七是通信与导航、识别、定位的多功能综合能力；八是通信资源共享能力。

3.2　情报传输技术原理

3.2.1　光纤通信

光纤通信是光导纤维通信的简称，它是一种利用光导纤维传输信号，从而实现信息传递的通信方式。

3.2.1.1　光纤结构及类型

光纤由两种不同折射率的玻璃材料拉制而成，如图 3-4 所示，其内层为一个透明的圆柱形介质，称为纤芯，主要用于以极小的能量损耗传输载有信息的光信号。纤芯外面紧贴的一层为包层，它是一种空心的、与纤芯同轴的圆柱形结构，主要用于保证光在纤芯内发生全反射，从而使光信号仅在纤芯中封闭传输。

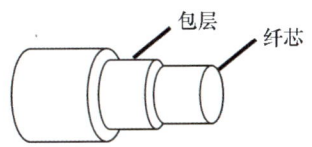

图 3-4　光纤结构

光纤的分类依据有很多种，比如材料类型、波长长短、纤芯折射率分布以及制造方法等。在光纤通信系统中，通常可以根据传输模式的不同将其分为多模光纤和单模光纤两种类型。

1. 多模光纤

当工作波长一定时，存在多个传播模式的光纤称为多模光纤（multimode fiber，MMF）。多模光纤存在一些局限性，比如传输特性较差、带宽较窄以及传输容量小等，目前使用相对较少。

2. 单模光纤

当工作波长一定时，光纤中仅有一种传播模式的光纤称为单模光纤（single mode fiber，SMF）。相较于多模光纤，单模光纤带宽较宽，一般可以达到几十吉赫兹以上。

光纤通信使用的是波长为 0.8 ~ 1.7 微米的近红外光。理论上，常用的 1.31 微米和 1.55 微米两个波长窗口的容量至少可以达到 25 000 吉赫兹。

3.2.1.2　光纤通信技术的特点

数据速率较低的局域网比较适合电缆，而光纤则多用于高速局域网和城域网。相较于传统的金属同轴电缆，光纤通信具有明显的优势，主要体现在以下六个方面。

1. 传输容量巨大

相较于其他通信方式，光纤通信最大的优势及特点是其巨大的传输容量。目前，光纤通信使用的可见光频率是 10^{14} ~ 10^{15} 赫兹数量级，为常用微波频率频段的 10^4 ~ 10^5 倍。因此，根据理论计算，其信息传输容量是微波的 10^4 ~ 10^5 倍。

2. 传输损耗极低

光纤传输的中继距离远长于电缆传输，因此利用光纤通信系统可以降低系统的施工成本，获取更好的经济效益。

3. 抗电磁干扰能力强

光纤是主要以石英作为原材料制造的绝缘体材料，既不怕电磁干扰，也不受外界光的影响。即使是在核辐射的环境中，光纤通信也可以正常进行。因此，光纤通信可以广泛应用于电力输配、电气化铁路以及核试验等特殊环境中。

4. 信道串扰小、保密性好

从光纤结构可以看出，光纤通信系统中的光信号在传输过程中很少向外泄露，因而其中的信号之间不会产生串扰，更不易遭窃听，保密性能好，这也正是光纤通信系统在军事领域中具备吸引力的方面。

5. 尺寸小、重量轻，安全、易铺设

由于玻璃或者塑料都不导电，因此光缆的安装和维护比较简单、安全。同时，光缆可以在易挥发的液体和气体周围使用，无须担心会引起爆炸或起火。相较于金属电缆，光缆体积小、重量轻、占用存储空间小，便于机载工作。

6. 寿命长

由于光缆具有更强的适应环境变化和抗腐蚀的能力，因此光纤通信系统远远比金属设施的使用寿命长。

3.2.1.3　光纤通信系统的组成

一般而言，光纤通信系统主要包含电端机、光发送机、光传输线路（含光放大器）、光接收机等组成部分，其中含有多种有源与无源光器件。

1. 电端机

电端机是电子通信中使用的载波机、电子信号收发设备、计算机终端和其他常规电子通信设备的总称，在光纤通信系统的收发端均有。在发送端，电端机主要是将模拟信号转化为数字信号；在接收端，电端机则将经过光接收机处理后的电子信号传送给用户。

2. 光发送机

光发送机主要包含光源、驱动电路以及光调制器，其核心部件是光源。它使用电端机来传送载有信息的电信号，并通过光调制器来调制光源发出的连续光波的振幅、相位或者频率等参数，随后输出载有有用信息的光信号，再将光信号耦合进光纤传输线路中。

3. 光传输线路

光传输线路主要由光纤构成，长距离传输的光纤通信系统中一般还需要有光放大器。光放大器的主要作用是把经过长距离光纤传输衰减和畸变后的微弱光信号，再次进行放大、整形并形成一定强度的光信号继续进行传输。光纤在光传输线路之后，接入光纤配线架等交换设备，其中光纤配线架的作用是利用光纤活动连接器将光信息分配到光接收机。

4. 光接收机

光接收机主要包含光探测器、光放大器和相应的信号处理电路，其中光探测器是核心部分，它将光纤中的光信号转换为电信号。对光探测器输出的电信号进行处理的流程主要为：首先，利用光放大器对光探测器输出的微弱电流信号进行增益放大；其次，通过均衡器将电信号整形为适合判决的输出波形，并利用判决器和时钟提取电路，将均衡器输出的波形信号恢复为数字信号；最后，利用译码器将信号恢复到初始状态。

3.2.2 卫星通信

卫星通信是现代信息传输的主要方式之一，它在军事应用上有着特殊的地位。与其他通信手段相比，卫星通信具有覆盖面积大、通信距离远、传输频带宽、通信容量大、通信稳定性好、质量高等特点。

3.2.2.1 卫星通信的概念

卫星通信是指利用卫星作为中继站转发或反射无线电波，以此来实现两个或多个地球站（或手持终端）之间或地球站与航天器之间通信的一种通信方式。换言之，卫星通信是在地球上，包括地面、水面和大气层中的无线电通信站之间，利用人造卫星作为中继站进行的通信。

微波中继通信是指用微波频率作载波携带信息，通过无线电波空间进行传输的一种无线电通信方式。因此，卫星通信实际上就是利用通信卫星作为中继站的一种特殊的微波通信方式。

3.2.2.2　卫星通信的频率分配

在卫星转发器与地面地球站之间，信息是利用电磁波来承载的。通常使用较高的频率天线才能有效地进行电磁波的辐射，同时有利于承载更高的信息速率。卫星通信系统常用的频率范围为 150 兆赫兹～300 吉赫兹。然而，在不同的频段，大气（在晴天或雨天）对电波传播的影响是不同的，系统设计时需要特别考虑。

3 吉赫兹以下的频率区域定义了甚高频（very high frequency，VHF）和超高频（ultra high frequency，UHF）两个频段。VHF 的范围为 30～300 兆赫兹，而 100 兆赫兹以下的频段不能用于空间通信。UHF 的范围为 300～3 000 兆赫兹。在卫星通信领域，UHF 的范围通常认为是 300～1 000 兆赫兹。实际上这一频率范围的大部分已经为地面无线通信所占用。对于卫星系统而言，由于 UHF 频段数据传输速率较低，因此通常只用于低轨小卫星（Little LEO）数据通信系统和静止卫星的遥测与指令系统，以及某些军用卫星通信系统。

更高的超高频（super high frequency，SHF）频段又进一步被划分为更常用的 L、S、C、X、Ku、K 和 Ka 等频段。各频段的频率大致范围是：L 为 1～2 吉赫兹，S 为 2～4 吉赫兹，C 为 4～8 吉赫兹，X 为 8～12 吉赫兹，Ku 为 12～18 吉赫兹，K 为 18～27 吉赫兹，Ka 为 27～40 吉赫兹。在卫星通信系统中，某一频段内的上行链路频率往往比下行频率高很多。这是因为 RF 功率放大器的效率随着频率的升高而下降，而地球站比卫星更能容忍这种功放的低效率。同时，地球站发射功率比卫星发射功率大几十倍。几个常用频段的上／

下链路频率的习惯性表示为：L 频段 1.6/1.5 吉赫兹，C 频段 6/4 吉赫兹，X 频段 8/7 吉赫兹，Ku 频段 14/12 吉赫兹，Ka 频段 30/20 吉赫兹。

不同的业务类型对不同频段有一个大致的划分。低于 2.5 吉赫兹的 L 和 S 频段大部分用于移动通信业务和静止卫星测控链路的指令传输，以及特殊的卫星通信业务。多数商用卫星固定业务使用 C 频段，该频段目前已十分拥挤，且存在与地面微波中继网的同频干扰问题。Ku 频段正在被大量利用，同时 Ka 频段的应用已逐渐增多。

3.2.2.3　卫星通信的系统组成

卫星通信系统由空间段和地面段两部分组成。

1. 空间段

空间段以卫星为主体，并包括地面卫星控制中心（satellite control center, SCC），以及跟踪、遥测和指令站（tracking, telemetry and command station, TT&C）。在 TT&C 与卫星之间，有一条控制和监视的链路，通常对卫星进行下述几方面的监控。

在卫星发射阶段，一旦最后一级火箭释放，TT&C 就必须对卫星进行跟踪和定位，并对天线和太阳能帆板的展开实施控制。

在系统运行过程中，TT&C 对卫星的位置和轨道进行监测和校正，以便将轨道的漂移和卫星摄动控制在允许的范围内。在卫星寿命的最后阶段，轨道校正的星载燃料已基本耗尽，卫星应撤离服务岗位。地球静止轨道（geostationary earth orbit, GEO）卫星通常的退役方法是利用剩下的少量燃料增加速度使其轨道升高几千米，退役的卫星将永远停泊在该轨道上。当然，卫星上的转发器应予关闭，以免干扰正常工作的 GEO 卫星。对于低地球轨道（low earth orbit, LEO）卫星，如果不进行轨道校正，将由于大气阻力使轨道衰减，卫星最终会再进入大气层而被烧毁。

星载转发器是卫星的有效载荷，也是卫星通信系统空间段的主要组成部分。SCC 可对星载转发器的输出及整个空间通信分系统进行测试、监控，并对出现的故障进行检修。

对由于"双重照射"形成的地区性通信干扰问题进行监测。由于地球站或卫星在某频率上错误地（可能是无意的，也可能是未经认可的卫星容量的使用）激活其发射机，对正常工作的卫星系统的覆盖区形成"双重照射"而引起严重干扰，TT&C 必须迅速进行检测，探明干扰源所在，将正常业务受到的损害降到最小。

2. 地面段

地面段包括支持用户访问卫星转发器，并实现用户间通信的所有地面设施。用户可以是电话用户、电视观众和网络信息供应商等。卫星地球站是地面段的主体，它提供与卫星的连接链路，其硬件设备与相关协议均适合卫星信道的传输。除地球站外，地面段还应包括用户终端，以及用户终端与地球站连接的"陆地链路"。当然，地球站应配备与"陆地链路"相匹配的接口（或网关）。但是，由于用户终端、"陆地链路"（通常为地面微波中继链路或光纤链路）及其接口都是地面通信网的通用设备，地面段常常被狭义地理解为地球站。地球站可以是设置在地面的卫星通信站，也可以是设置在飞机或海洋船舶上的卫星通信站。图 3 - 5 所示为卫星地球站通过"陆地链路"与地面网节点相连接的情况。

3.2.2.4　卫星通信的特点

卫星能提供较宽范围的覆盖，卫星通信系统能为用户的无线连接提供很大的自由度，并能支持用户的移动性。卫星通信系统具有以下特点。

1. 服务范围宽、不受地理条件限制

卫星通信系统能以较低的成本提供较宽范围的无缝覆盖，服务范围宽且不受地理条件的限制。卫星能覆盖的范围由卫星的高度和允许的最小仰角确定，在卫星覆盖范围以内，通信成本与通信距离无关。一颗 GEO 卫星能有效地覆盖地球表面约 1/3（零仰角时能覆盖地球表面的 42%）区域，因此，三

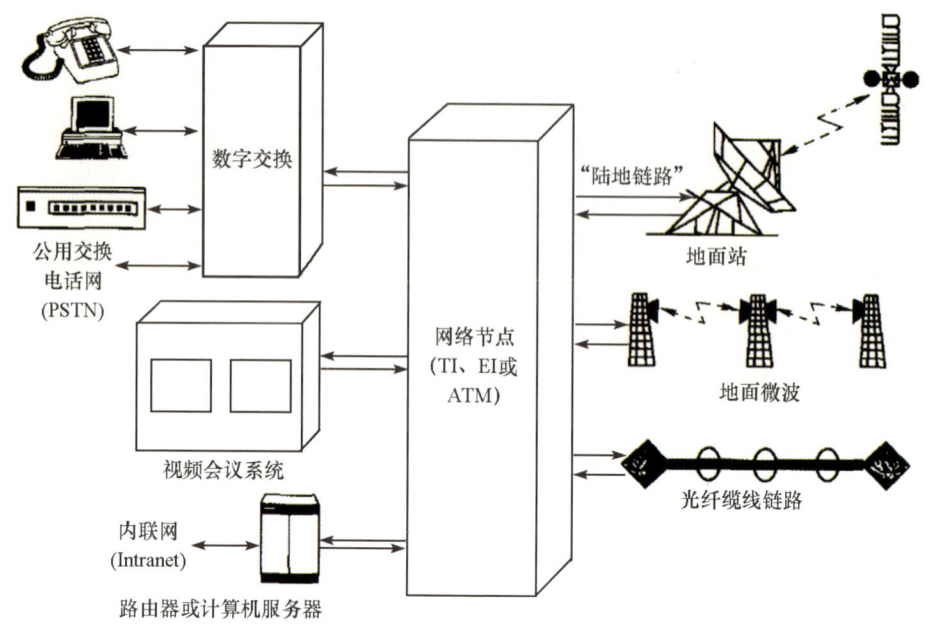

图 3 - 5 卫星地球站与地面网的一个节点连接的情况

颗 GEO 卫星即可组成全球系统（南、北极地区除外）。一颗 LEO 卫星的覆盖范围虽然十分有限，但是一个完整的星座可以实现全球覆盖。卫星通信是唯一能对偏远地区，海岛、大山、沙漠、丛林等地形地貌复杂区域，以及空中和海上提供可靠移动通信的手段，从而真正实现任何时间、任何地点的信息交流。

2. 可利用频带宽

卫星通信系统可利用的频带很宽，容量较大，从 VHF 频段到 Ka 频段，并在向更高的 Q 频段（36～46 吉赫兹）和 V 频段（46～56 吉赫兹）拓展。对于 C 频段和 Ku 频段，可利用的频带宽度达 1 吉赫兹。如果采用多波束星载天线等频率再利用技术，可进一步扩大系统的容量。此外，空间光链路正逐步成为星际通信的主流，随着相应技术的改进和发展，星地之间的激光通信将成为可能。

3. 网络路由简捷

由于卫星提供了空间转发器，用户之间的通信不依赖地面通信网，卫星通信系统与地面通信基础设施相对独立，这对于那些地面通信基础设施不足的地区和国家（如发展中国家）具有重要意义。同时，对于建立或使用地面网需要付出高昂代价的低业务密度地区，卫星通信系统能发挥重大作用。此外，对于跨国或全国性的公司、行业和政府部门，利用卫星通信系统构成专用数据网、旁路复杂的地面公用网，路由简捷、延时小，对专用网内部数据的传输和处理十分有利。

4. 网络建设速度快、成本低

卫星通信系统与地面光纤或微波中继系统相比，不需要大量地面工程的基础设施，建设速度快。同时，系统的运行和维护费用低。在系统容量范围内，增加一个地球站的成本较低，特别是对小容量或个人终端而言，所需投资更低。

5. 具有灵活性和普遍性

卫星通信不受自然条件和自然灾害（如地震、雪灾、洪水等）的影响，可以实现全球范围的普遍服务。在快速、灵活地组成响应世界重大事件的全球视频网络业务方面，卫星通信具有无可争辩的优势。

6. 系统服务均匀、新业务引入方便

通常，一个卫星通信系统由统一的业务提供商提供服务，有利于对系统内各地区提供一致（均匀）的服务，有助于建立跨国公司或行业的远程专用网，对个人用户也较为有利。卫星通信系统对新业务的引入和对原有业务的拓展也比地面网更有利。例如，为个人用户可提供 Internet 业务、直接到户（direct-to-home，DTH）业务，以及接入功能的数字用户线（digital subscriber line，DSL）等；同时，还可用甚小天线地球站（very small aperture terminal，VSAT），特别是工作于 Ku 和 Ka 频段的小站，支持多种类型的业务。

3.2.3　移动通信

移动通信是进行无线通信的现代化技术，这种技术是电子计算机与移动互联网发展的重要成果之一。移动通信技术经过第一代、第二代、第三代、第四代技术的发展，目前，已经迈入了第五代发展的时代。

3.2.3.1　移动通信的概念

移动通信是指通信双方或至少有一方处于运动中进行信息交换的通信方式。它是一种应用十分广泛的通信方式，如固定点与移动体（汽车、轮船、飞机）之间、移动体与移动体之间、人与活动中的人或人与移动体之间的信息传递，都属于移动通信。

现代移动通信技术主要分为低频、中频、高频、甚高频和特高频几个频段，在这几个频段之中，技术人员可以利用移动台技术、基站技术、移动交换技术，对移动通信网络内的终端设备进行连接，满足人们的移动通信需求。

3.2.3.2　GSM 系统

GSM 系统是泛欧数字蜂窝移动通信网的简称，是当前发展较为成熟的一种数字移动通信系统，现重新命名为 global system for mobile communications，即全球移动通信系统。它是第二代蜂窝系统的标准，是世界上第一个对数字调制、网络层结构和业务进行规定的蜂窝系统。

1. 主要特点

GSM 的移动台具有漫游功能，可以实现国际漫游；可以提供多种数据业务；具有较好的保密功能；具有越区切换功能。

2. 工作频率

几种常用的 GSM 系统射频频段如表 3 - 1 所示。

表 3 – 1　GSM 系统主要工作频率

频段	上行链路频率	下行链路频率	双工间隔	载频间隔
（GSM）900MHz	890 ~ 915MHz	935 ~ 960MHz	45MHz	200kHz
（EGSM）900MHz	880 ~ 915MHz	925 ~ 960MHz	45MHz	200kHz
1 800MHz	1 710 ~ 1 785MHz	1 805 ~ 1 880MHz	95MHz	200kHz
1 900MHz	1 850 ~ 1 910MHz	1 930 ~ 1 990MHz	80MHz	200kHz

表 3 – 1 中上行链路频率是指移动站发、基站收的工作频率；下行链路频率是指基站发、移动站收的工作频率；双工间隔是指收、发频率间隔。

3. 调制方式

GSM 的调制方式是二进制高斯最小频移键控方式。这一调制方案由于改善了频谱特性，使得相邻信道的干扰很小。基于 200 千赫兹的载频间隔及 270.833 千比特/秒的信道传输速率，其频率利用率为 1.35 比特/（秒·赫兹）。

3.2.3.3　CDMA 系统

码分多址（code division multiple access，CDMA）是一种以扩频技术为基础的调制和多址接入技术，因其保密性能好、抗干扰能力强而广泛应用于军事通信领域。美国高通公司在 20 世纪 90 年代开发的 CDMA 蜂窝体制被采纳为北美数字蜂窝移动通信标准，定名为 IS – 95，使 CDMA 蜂窝移动通信系统正式走上商业通信市场。

CDMA 蜂窝移动通信系统与频分多址（frequency division multiple access，FDMA）模拟蜂窝移动通信系统或时分多址（time division multiple access，TDMA）的 GSM 相比，具有更大的系统容量、更高的话音质量、更强的抗干扰性能和更好的保密性能等诸多优点。

1. 主要特点

CDMA 系统的上行链路和下行链路采用不同的调制和扩频技术。在下行链路上，基站采用不同的扩频序列同步发送小区内全部用户的数据，同时还要发送一个导频码，使得所有移动台在估计信道条件时，可以使用相干载波检测。在上行链路上，所有移动台以异步方式响应，并且由于基站的功率控制，理想情况下，每个移动台具有相同的信号电平值。CDMA 系统有以下五个主要特点。

（1）系统容量大

根据理论计算和实际测试表明，CDMA 系统容量是 FDMA 系统的 10～20 倍，是 TDMA 系统的 4 倍。

（2）具有软容量特性

在 FDMA 和 TDMA 系统中，当所有频道或时隙被占满以后，再无法增加用户。此时若有新的用户呼叫，只能遇忙等待，产生阻塞现象。而 CDMA 系统的全部用户共享一个无线信道，用户信号是靠伪随机码区分的，当系统负荷满载时，再增加少量用户只会引起语音质量的轻微下降，而不会产生阻塞现象。

（3）具有软切换功能

所谓软切换是指当移动台需要切换时，先与新小区的基站连通，再与原来小区的基站切断联系。在切换过程中，原小区的基站和新小区的基站同时为过区的移动台服务。软切换功能可以使过区切换的可靠性提高。

（4）具有话音激活功能

由于人类通话过程中语音是不连续的，占空比小于 35%。CDMA 系统采用可变速率声码器，在不讲话时传输速率降低，减小对小区其他用户的影响，从而增加系统的容量。

（5）抗干扰、抗衰弱能力强

CDMA 系统以扩频技术为基础，因此具有抗干扰、抗多径衰落、保密性强等优点。

2. 频率和信道规范

对于 CDMA 系统中的 IS－95 标准，其上行链路频率为 824～849 兆赫兹，下行链路频率为 869～894 兆赫兹；一对下行链路频率和上行链路频率的频率间隔为 45 兆赫兹，带宽 1.25 兆赫兹；系统许多用户共享同一公共信道传送数据信息，最大用户数据速率为 9.6 千比特/秒。用户数据通过扩频技术进行处理，扩展后得到的码片速率为 1.228 8 兆码片/秒，总扩频因子为 128。下行链路和上行链路的扩频过程是不相同的。

3.2.3.4 LTE 技术

长期演进（long term evolution，LTE）技术是在第三代移动通信系统基础上推出的"准 4G"技术，最大系统设计带宽提高到了 20 兆赫兹，为此，LTE在正交频分复用（orthogonal frequency division multiplexing，OFDM）核心技术的基础上，大量采用多输入多输出（multiple input multiple output，MIMO）技术和自适应技术，以提高传输速率和系统性能。

LTE 的主要技术特征有以下七项。

1. 数据率和频率利用率

在 20 兆赫兹带宽系统下，下行峰值速率可达 100 兆比特/秒，频带利用率（频谱利用率）为 5 比特/（秒·赫兹）；上行峰值速率为 50 兆比特/秒，频带利用率为 2.5 比特/（秒·赫兹）。

2. 频谱灵活性强

支持不同带宽的无线系统，包括 1.25 兆赫兹、1.6 兆赫兹、2.5 兆赫兹、5 兆赫兹、15 兆赫兹和 20 兆赫兹等带宽设置，可以成对或非成对频谱形式进行频谱设置。

3. 时延小

从控制面观察，要求驻留状态转换到激活状态的延迟时间小于 100 毫秒，而从睡眠状态到激活状态的延迟时间小于 50 毫秒；从用户面观察，零负载、小 IP 分组条件下单向时延小于 5 毫秒。

4. 移动性好

在 0~15 千米/时的低速移动状态下网络性能保持最佳，在 15~120 千米/时的高速移动状态下能够提供高性能的通信服务，在 120~350 千米/时的甚高速移动状态下能够保持蜂窝网络的移动性。

5. 覆盖对策完善

在半径 5 千米的小区内应能满足各项技术指标，在半径 30 千米的小区内系统性能允许有小幅的下降。此外还将通过 FDMA 和小区间干扰抑制技术，提高小区边缘速率以增强 LTE 的覆盖性能。

6. 无线资源管理

支持端到端 QoS 高层传输，支持各种不同无线接入技术之间的负载均衡和策略管理。

7. 与 3GPP 无线接入技术兼容

进一步增强对多媒体业务的支持，取消了电路交换，实现全分组包交换，实现与其他通信系统的共存，尽可能地降低复杂度。

3.2.3.5　第四代移动通信技术

第四代移动通信技术（4G）是一种超高速无线网络技术。4G 采用全数字技术，支持分组交换，将 WLAN、蓝牙技术等宽带无线局域网技术融入广域网之中，提供非对称的和超过 100 兆比特/秒的数据传输能力，同时采用高度分散的 IP 网络结构，使得终端具有智能性和可扩展性。这种新型网络可以使电话用户以无线形式实现虚拟连接，100 兆比特/秒的非对称数据传输速度，可大大提高系统的吞吐量，满足用户的上网需求。

4G 通信技术以之前的 2G、3G 通信技术为基础，在其中添加了一些新型技术，使得无线通信的信号更加稳定，还提高了数据的传输速率，而且兼容性更平滑，通信质量更高。而且 4G 通信中使用的技术也优于 2G、3G 通信，使得信息通信速度变快。

从功能上看，4G 标准可基于不同的固定无线平台，跨越不同频带的网络为用户提供无线服务，使人们能够在任何地方实现宽带互联网接入，其中包括卫星通信和平流层通信服务。此外，4G 还可以提供信息通信以外的定位定时、远程控制和数据采集等综合功能。

1. 关键技术

（1）OFDM 技术

利用 OFDM 技术传输的信号会有一定的重叠部分，技术人员会依据处理器对其分析，根据频率的细微差别，划分不同的信息类别，从而保证数字信号的稳定传输。

（2）MIMO 技术

MIMO 技术利用的是映射技术。首先，发送设备会将信息发送到无线载波天线上，天线在接收信息后，会迅速对其编译，并将编译后的数据变成数字信号，分别发送到不同的映射区，再利用分集和复用模式对接收到的数据信号进行融合，获得分级增益。

（3）智能天线技术

智能天线技术是将时分复用与波分复用技术有效融合起来的技术。在 4G 通信技术中，智能天线可以对传输的信号实现全方位覆盖，每个天线的覆盖角度是 120°。为了保证全面覆盖，发送基站都会至少安装三根天线。另外，智能天线技术可以对发射信号实施调节，获得增益效果，增大信号的发射功率。

（4）SDR 技术

软件定义的无线电（software defined radio，SDR）技术是无线电通信常用技术之一。其技术思想是将宽带模拟数字变换器或数字模拟变换器充分靠近射频天线，编写特定的程序代码完成频段选择，抽样传送信息后进行量化分析，可实现信道调制方式的差异化选择，并完成不同的保密结构、控制终端的选择。

2. 主要优势

（1）显著提升通信速度

4G 通信技术相较于之前的 3G 通信技术，最大的优势就是显著提升了通信速度。通信技术的发展是一个漫长的过程，4G 通信技术的出现很明显在通信速度方面有了一个质的飞跃。4G 通信在图片、视频传输上能够实现原图、原视频高清传输，其传输质量与电脑画质不相上下；利用 4G 通信技术，在下载软件、文件、图片、音视频时其速度最高可达到每秒几十兆，这是 3G 通信技术无法实现的。

（2）通信技术更加智能化

4G 通信技术相较于之前的移动信息系统，已经很大程度上实现了智能化的操作。智能化的 4G 通信技术可以根据人们在使用过程中不同的指令来做出更加准确无误的回应，对搜索出来的数据进行分析、处理和整理，再传输到用户的手机上。

（3）提升兼容性

4G 通信技术的出现，减少了软硬件在工作过程中的冲突，让软硬件之间的配合更加默契，很大程度上避免了故障的发生，让人们在使用通信设备的过程中更加顺畅流利。

3.2.3.6 第五代移动通信技术

第五代移动通信技术（5G）是具有高速率、低时延和大连接特点的新一代宽带移动通信技术，是实现人机物互联的网络基础设施。5G 作为一种新型移动通信网络，不仅要解决人与人通信，为用户提供增强现实、虚拟现实、超高清视频等更加身临其境的极致业务体验，更要解决人与物、物与物通信问题，满足移动医疗、车联网、智能家居、工业控制、环境监测等物联网应用需求。

· 前沿阵地

－ 5G 应用场景 －

中国通信技术经历了 2G 时代跟随、3G 时代参与、4G 时代并跑的发展历程，如今，5G 时代已经来临。预计到 2025 年，5G 网络将在全球 100 多个国家和地区实现商用。2019 年，在深圳召开的"5G 创新合作大会"上，中国电信展出了 5G 相关的大量创新业务，特别是展示的 5G 十大应用场景，率先对十大行业进行探索。具体包括：5G ＋智慧警务、5G ＋智能交通、5G ＋智能生态、5G ＋智慧党建、5G ＋智慧医疗、5G ＋车联网、5G ＋媒体直播、5G ＋智慧教育、5G ＋智慧旅游、5G ＋智能制造。实际上，5G 的应用远远不止这些，广播媒体行业的"5G ＋超高清"概念更是不断升温。图 3 - 6 所示为 5G 融合应用体系。

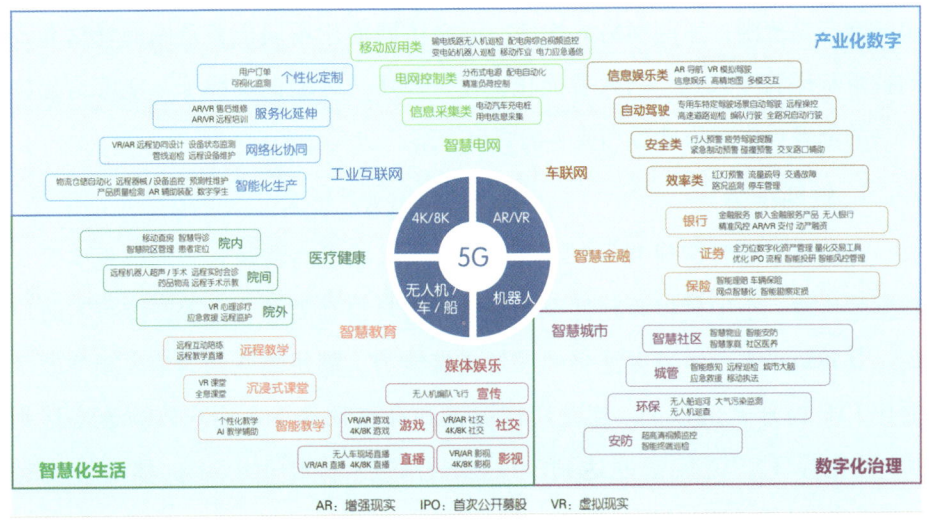

图 3 - 6　5G 融合应用体系

2019 年，CCTV 第一次应用 5G 技术实现"两会"4K 直播，在国际上首次使用 5G 技术达到持续传输的目的，并且使用 4K 超高清频道技术直播其记者会。这次高科技的应用展示，给观众带来了全新的视觉享受。2019 年 5 月

11 日，国家大剧院原创民族舞剧《天路》"4K + 5G"演出直播活动在首都电影院和手机端、电视大屏端等多渠道同步呈现。在影院观众的见证下，全球首次"4K + 5G"影院直播在首都电影院取得圆满成功，在场观众体验了一场艺术与科技创新融合的全新直播方式。

从应用方面来看，5G 网络有五大应用场景：超高速场景；支持大规模人群；随时随地最佳体验；超可靠的实时连接；无处不在的物物通信。

从建设目标分析，5G 网络能够达到以下性能目标：频谱效率提高 10 倍；传输速率可达 10 吉比特/秒；业务时延小于 5 毫秒；与 4G 相比，网路容量提升 1 000 倍，能力效率提升 10 倍。5G 不再仅仅是速率的提升，而是提供更多的应用和更好的用户体验。

从技术层面上看，5G 在无线接入方面将改善资源的利用率，同时逐渐减小蜂窝覆盖范围；强调网络异构性，混合协同使用不同覆盖范围的蜂窝和不同技术特征的接入点；引入智能化，在保障用户体验的前提下，能够为异构网络的部署提供节省能源和成本的解决方案。

1. 性能指标

峰值速率需要达到 10 ~ 20 吉比特/秒，以满足高清视频、虚拟现实等大数据量传输。空中接口时延低至 1 毫秒，满足自动驾驶、远程医疗等实时应用。具备每平方千米百万连接的设备连接能力，满足物联网通信。频率效率要比 LTE 提升 3 倍以上。连续广域覆盖和高移动性下，用户体验速率达到 100 兆比特/秒。流量密度达到 10 兆比特/（秒·米²）以上。移动性支持 500 千米/时的高速移动。

2. 关键技术

（1）5G 无线关键技术

在正交频分多址（orthogonal frequency division multiple access，OFDMA）和 MIMO 基础上，5G 采用了灵活的全新系统设计。在频段方面，与 4G 支持

中低频不同，考虑到中低频资源有限，5G 同时支持中低频和高频频段，其中中低频满足覆盖和容量需求，高频满足在热点区域提升容量的需求。5G 针对中低频和高频设计统一的技术方案。为了支持高速率传输和更优覆盖，5G 采用低密度奇偶校验（low density parity check，LDPC）码、极化（Polar）新型信道编码方案、性能更强的大规模天线技术等。为了支持低时延、高可靠，5G 采用短帧、快速反馈、多层/多站数据重传等技术。

（2）5G 网络关键技术

5G 采用全新的服务化架构，支持灵活部署和差异化业务场景。5G 采用全服务化设计，模块化网络功能，支持按需调用，实现功能重构；采用服务化描述，易于实现能力开放，有利于引入 IT 开发实力，发挥网络潜力。5G 支持灵活部署，基于 NFV/SDN，实现硬件和软件解耦、控制和转发分离；采用通用数据中心的云化组网，网络功能部署灵活，资源调度高效；支持边缘计算，支持基于应用的网关灵活选择和边缘分流。

3.2.4 短波通信

使用短波进行的无线电通信称为短波通信，又称为高频（high frequency，HF）通信，电磁波频率为 3～30 兆赫兹，对应波长为 100～10 米。在实际过程中，短波通信主要利用天波来传输信息。

3.2.4.1 短波信道和传播特性

短波信道的传播特性随机变化，又称变色散信道，这种特性不利于信号传播。同时，短波传播也具备传播距离远、设备使用维护简单、适合军事以及探险等诸多优势，因此短波信道仍然是常用的无线信道之一。短波的传播可以根据传播方式分为地波和天波两种，其中地波沿着地球表面进行传播，衰减大，因此地波传播距离近；天波依靠电离层反射来进行传播，传播距离远。

1. 地波传播

当电磁波在地球表面传播时，由于地球表面相当于一个有电阻的导体，因此电磁波能量会随着传播距离的增加被逐渐消耗，并且频率越高，损耗越大，所以地波主要在 1.5 ~ 5 兆赫兹的电磁波频率范围进行传播。同时，地波传播距离还与传播路径上媒介的电参数有着密切的关系。总体来看，当短波沿陆地传播时，电磁波能量衰减很快，只有当距离发射天线较近时才能收到。

2. 天波传播

地球上大气层的空气密度随离地面高度的增加而减少。一般而言，距离地面大约 20 千米以下称为对流层，空气密度较大，在该区域内产生风、雨、雪等；距离地面 50 千米以上，空气密度稀薄，同时太阳辐射和宇宙射线等对这一区域的作用很强烈，使得空气中产生电离，因此这一区域也称为电离层。电离层又可以根据高度大致分为三层：D 层，距离地面 60 ~ 90 千米；E 层，距离地面 100 ~ 120 千米；F 层，距离地面 170 ~ 450 千米，在白天 F 层可分为 F1 和 F2 层，晚上合并为 F 层。

D 层在太阳升起时出现，在太阳降落后消失，因此不会在夜间对短波通信产生影响。最新研究表明，D 层在白天有可能会反射频率为 2 ~ 5 兆赫兹的短波。类似地，E 层也出现在太阳升起时，并且在中午时刻电离达到最大值，随后逐渐减小。电离开始以后，E 层可反射高于 1.5 兆赫兹频率的电波。在太阳降落以后，E 层对短波传播将不再起作用。

在短波的传播过程中，F 层最重要，一般远距离短波通信都选用 F 层作为反射层。因为相较于其他层，F 层高度最高，传播距离最远，所以一般也习惯称之为反射层。F 层分为两部分，第一部分为 F1 层，第二部分为 F2 层。其中，F1 层距离地面高度为 170 ~ 220 千米，只存在于白天，并且存在的高度与季节变化和太阳位置有关；F2 层距离地面高度 220 ~ 450 千米，存在高度也与一天中的时刻和季节有关。在夜间，残留电离空气仍然能够传播短波段电波，但可用频率要低很多。因此，要想实现昼夜短波连续通信，必须在白天和夜间更换其工作频率，而且一般情形下夜间工作频率低于白天工作频率。这是由于高频波将穿过低密度电离层，只在高电子密度的导电层反射，此时如果在夜间使用白天的频率，可能会出现电波穿出电离层导致通信中断的情形。

3. 最高可用频率

最高可用频率（maximum usable frequency，MUF）是指实际通信中能够被电离层反射回地面的电波的最高频率。当工作频率小于 MUF 时，一般会产生多条反射路径；当工作频率等于 MUF 时，仅有一条传播路径；当工作频率超过 MUF 时，电波会穿透电离层，不再返回地面。因此，在一般情况下，为获取最佳接收效果，选择工作频率为 MUF 较为恰当。

MUF 是在指定通信距离下获得，与反射频率成正比。同时，MUF 还与反射层的电子密度有关，电子密度越大，MUF 越高。由于电离层的电子密度随时间而变化，因此 MUF 也是时变的。实际中，综合电离层的时变性与接收的长期稳定性，一般选取略低于 MUF 的最佳工作频率 FOT $= 0.85$MUF 作为短波线路的工作频率。

4. 传输特性

与其他信道类似，短波信道同样存在多径效应、衰落、多普勒频移等特性，这是短波传输中必须考虑的。

（1）多径效应

多径效应是指电磁波经过不同路径传播以后，各分量场到达接收端的时间不同，按各自相位相互叠加而造成干扰，使得原来的信号失真，或者产生错误。例如，电磁波沿不同的两条路径传播，而两条路径的长度正好相差半个波长，那么两路信号到达终点时正好相互抵消了（波峰与波谷重合）。短波电波在传播的过程中，既有经过电离层一次反射到达接收端的一次跳跃情况，也有先经过电离层反射至地面再反射上去最终到达接收端的二次跳跃情况，甚至还可能经过三跳、四跳甚至更多次才能到达的情况。换言之，虽然发射端发射的电波仅有一个，但在接收端处却可以接收到多个不同路径反射而来的同一发射源电波。据统计，短波信道中出现 2～4 条路径的概率大约为85%，其中出现 3 条路径的概率最高，出现 2 条及 4 条路径的概率次之，5 条以上的情况可基本忽略不计。此外，由于电离层的不均匀性，使得电波射入时经过电离层会出现多个反射波，即无线电波束的漫反射现象。

（2）衰落

衰落是指接收端信号强度随机变化的一种现象。在短波通信中，即便是在电离层的平静时期也难以获得稳定的信号，接收端信号的振幅总是呈现忽大忽小的随机变化，这种现象就称为衰落。衰落分为快衰落和慢衰落两种，其中快衰落的周期为十分之几秒到几十秒，而慢衰落周期为几分钟至几小时，甚至更长时间。

快衰落是一种由多径传播现象引起的干涉性衰落。由于多径效应的存在，接收端接收的信号之间无法保持固定的相位差，因此合成的信号振幅随机起伏，这种若干信号的相位干涉所造成的衰落称为干涉衰落。干涉衰落具有明显的频率选择性，即使是一个窄频段内的已调带通信号也会发生信号失真，甚至严重衰落。一般而言，遭受衰落的频段宽度不会超过 300 赫兹。同时，实践表明，当两个频移差值大于 400 赫兹后，它们衰落特性的相关性将会变得很小。干涉衰落速率通常为 10～20 次/分，衰落深度可达 40 分贝，偶尔可达 80 分贝，持续时间通常为 4～20 毫秒，与慢衰落明显不同。快衰落会严重影响电波传播的可靠性和通信质量，一种克服快衰落的有效方式是分集接收技术。

慢衰落由 D 层衰减特性的慢变化引起，与电离层电子浓度及其高度的变化有关，可以最长持续 1 小时甚至更长。同时，由于慢衰落是由电离层吸收的变化所致，因此其也被称为吸收衰落。在吸收衰落方式中，接收信号幅度缓慢变化，其周期为几分钟至几小时，对整个短波频段的影响程度基本相同。如果忽略磁暴和电离层骚扰，衰落深度有可能低于 10 分贝。电离层骚扰也可以归结到慢衰落。当太阳黑子区域发生耀斑爆发时，此时会辐射出极强的 X

射线和紫外线，使得白昼期间电离层的电离增强，D 层的电子密度急剧增大至正常值 10 倍以上，短波大部分甚至全部被吸收，以至通信中断。在实际中，快衰落与慢衰落往往是相互叠加，并非单独存在。短观测时间内，慢衰落不易被察觉。想要克服慢衰落，除正确调换发射频率外，只能依靠加大发射功率来进行补偿。

（3）多普勒频移

使用短波信道传播信号时，除了存在因衰落引起的信号振幅起伏，还存在多普勒效应所造成的发射信号频率的漂移现象，称为多普勒频移。多普勒频移出现的原因在于电离层经常性的快速运动及反射层高度的快速变化导致短波传播路径的角度不断发生变化，信号的相位也随之产生变化。从本质上来看，这种相位的变化可以视为电离层不规则运动引起的高频载波的多普勒频移。一般而言，多普勒频移在日出和日落期间表现得较为突出，而当电离层处于平静的夜间时，不存在多普勒效应。在其他时间，以单跳模式传播的短波多普勒频移在 1 ~ 2 赫兹的范围内，而当发生磁暴时，多普勒频移最高可达 6 赫兹。

5. 寂静区

短波传播另外一个重要特点是存在寂静区。寂静区是由于短波传播过程中，地波衰减很快，此时距离发射机不太远的位置将无法接收到地波信号，而电离层对一定频率的电波反射仅能在一定距离（跳距）以外才能接收到。因此，就形成了地波和天波均无法接收到的寂静区。

寂静区的大小由近距点和远距点共同决定。近距点取决于天波的传播条件，与昼夜时间无关。频率增加，地波衰减增加，近距点段减少。不同的是，远距点段与昼夜时间以及频率均有关。在白天，反射层电子浓度增大，发射电波的仰角较大，远距点较小；对于不同频率，为保证电波能从电离层反射回来，频率越高，发射仰角越小，此时远距点较大。为解决寂静区问题，保障 300 千米以内的近距离通信，通常可以利用低频率以及高射天线。

3.2.4.2 短波自适应通信

提高短波通信质量的根本途径在于找出具有良好传播条件的信道，实时地避开干扰，而完成该任务的关键是自适应技术。通常，短波自适应技术包含实时信道估值（real time channel evaluation，RTCE）技术和自适应技术。

短波自适应技术是在通信过程中，不断测试短波信道传输质量，从中选择最佳的工作频率，从而使得短波通信线路一直处于传输条件比较好的信道上。利用短波自适应技术，可以充分利用频率资源，降低传输损耗，减少多径影响，避开强噪声与电台干扰，实现提高通信链路可靠性的目的。因此，它是短波通信系统的重要组成部分。为实现频率自适应，需要实时、准确地探测和估算短波线路的信道特性（即实时信道估值），同时需要实时调整系统参数使得其最好地适应信道变化（即自适应）。

3.2.5 数据链技术

数据链是基于数字通信技术，结合各种先进的调制解调技术、纠错编码技术、组网通信技术以及信息融合技术，形成的一类适合指挥控制系统计算机之间数据通信需求的新型装备。

3.2.5.1 战术数据链的概念

战术数据链在军事和技术层次有如下几种定义和理解：数据链是武器装备的生命线，是战斗力的倍增器，是部队联合作战的"黏合剂"；数据链是连接了数字化战场指挥中心、各级指挥所、参战部队和武器平台的信息处理、交换和分发系统；数据链是提升作战平台快速反应能力和协同作战能力、获取信息优势、实现作战指挥自动化的关键设备；数据链利用无线信道来实现各作战单元数据信息的交换和分发，使用数据相关的融合技术来处理各种信息；数据链是使用无线网络通信技术和应用协议来实现机载、陆基和舰载技术数据系统之间的数据信息交换，最大限度地发挥战术系统效能的系统。

从广义的角度来看，所有传递数据的通信都可以成为数据链，数据链基本上是一种在各用户间，基于共同通信协议，使用自动化的无线电或有线电设备传递、交换负载数据信息的通信链路。从狭义的角度来看，数据链是用于传输机器可读的战术数字信息的标准通信链路。

3.2.5.2 战术数据链的功能

战术数据链主要用于实现战场上各个作战单元之间情报信息的迅速交换、作战单元所掌握情报的共享、战场态势的实时监视以及相互协同能力和整体作战效能的提升。数据链是一种用于军队指挥、控制与情报系统传输信息的重要工具与手段，是信息化战争中的重要通信方式。在数字化战场中，数据链通过连接指挥中心、各级指挥所、各参战部队和武器平台，组成陆、海、空、天一体化的数据通信网络。在该网络中，各种信息基于规定的信息格式，进行实时、自动、保密的传输和交换，共享信息资源，为指挥员做出正确的决策提供整个战区统一、及时和准确的作战态势。

3.2.5.3 战术数据链的特点

不同于一般的通信系统，战术数据链系统传输的主要是包含各种目标参数以及各种指挥引导数据的实时格式化作战数据。因此，战术数据链具有以下六个主要特点。

1. 信息传输的实时性

就目标信息和各种指挥引导信息而言，必须要强调信息传输的实时性。数据链的目标是力图提升数据传输的速率，缩短各种机动目标信息的更新周期，并及时显示目标的运动轨迹。

2. 信息传输的可靠性

数据链系统在保证作战信息实时传输的同时，还要保证信息传输的可靠性。数据链系统主要利用无线信道来传输数据信息。需要注意的是，无线信号在传输的过程中存在各种衰落现象，会对信号的正常接收造成严重影响。同时，在进行数据通信时，接收的数据会存在一定程度的误码。所以，数据链系统会采用先进、高效和高性能的纠错编码技术来降低数据传输的误码率。

3. 信息传输的安全性

为了不让敌方截获己方信息，数据链系统一般采用数据加密手段，确保信息传输安全可靠。

4. 信息格式的一致性

为保证信息的实时性，数据链系统通过规定各种目标信息格式来避免信息在网络间交换时因格式转换造成时延。指挥控制系统根据格式来编辑需要通过数据链系统传输的目标信息，以便对目标进行自动识别和对目标信息进行处理。

5. 通信协议的有效性

根据不同的系统体系结构，例如点对点结构或网络结构，数据链采用对应的通信协议。

6. 系统的自动化运行

在设备链设备设定好对应的工作方式以后，系统将按照相对应的通信协议在网络（通信）控制器的控制下自动运行。

3.3 情报传输装备及应用

3.3.1 光纤通信系统

如今，光纤通信已经渗透到各种电信网络、数据网络、有线电视网络，以及光互联网络等信息网络当中，已成为信息传输的最重要方式之一。光纤通信系统是把光作为信息载体的电子通信系统。

3.3.1.1　陆用光纤通信系统

在军事通信领域中，光纤通信系统最早应用于陆军战术级通信系统。美国陆军 C⁴ISR 系统中配备了陆军战术光纤通信系统，该系统包含有线和无线两种通信方式。在有线通信方式中，主要有局域网系统、远距离战术通信系统和短距离本地分配系统等应用形式。例如，为提高传输速度、扩大网络半径，C⁴ISR 系统中装备了大量的光纤局域网系统，主要用于在战场环境下连接战术指挥车内或战术指挥车之间的计算机终端，另外还可用于连接军事建筑内部的各终端，实现通信组网。

总体来看，该系统中的高性能局域网系统主要具有以下方面的优势：系统采用了标准协议，可实现局域网系统与开放系统互联兼容；容故障性好，当单个部件或节点突发故障时，系统仍可正常运行；节点与主机之间为双向通信传输，因此每个节点都可以和主机通信；每个节点都可提供足够的缓冲，使得每个主机可实现收发数据指令信息的同步进行；适用性强，可根据用户需求增加或删除节点。

同时，高性能军用光纤局域网系统在运行中还具有以下几项功能：每个网络接口都可收发指令信息；网络控制中心设有控制节点，可执行启动起始程序、监视和报告管理功能执行情况、远距离启动诊断和周期性汇集统计数据等任务；网络节点可定期自我诊断，并向网络控制中心报告运行状态的相关信息，相关信息主要包含节点工作状态、节点间连接状态、网络工作状态变化情况以及节点数量等。

3.3.1.2　舰载光纤通信系统

舰载光纤通信系统已经广泛应用，在该领域，美国的水平较为先进。下面以美国"宙斯盾"综合防空作战系统（以下简称"宙斯盾"系统）中的光纤通信系统为例，对舰载光纤通信系统的发展进行说明。

"宙斯盾"系统是美国研制的世界先进舰载防空反导系统，主要由作战指挥系统和综合通信系统两大部分组成，既可用于防御作战，也可用于反击进攻。综合通信系统主要包含内部通信系统、外部通信系统、数据传输系统以及岸基接口四个部分，其中内部通信系统主要用于实现舰船内部各个节点之间的指挥通信、会议电话、普通勤务电话以及广播功能等；外部通信系统主要实现与舰船编队、岸上和卫星之间的通信联络；数据传输系统完成数据的交换、传输。

在"宙斯盾"系统中，内部通信系统主要用于保障舰载指挥系统、飞行控制台、返航信号指挥室等之间的通信，同时完成视频信息与战术数据的传输，是确保舰载机安全起飞、舰船完成作战任务和指挥控制的关键。在内部通信系统中，光纤通信系统是主要链路，确保了系统中信息的实时传输和准确可靠。光纤通信系统采用光纤环形网络，可综合舰上传感系统、武器系统和各电子设备、计算机等的数据至本地网络中进行传输和处理；同时，该系统可承担多达 100 多个源传输站之间的传输业务，并可根据业务站的实际需要对带宽进行划分。

3.3.1.3　机载光纤通信系统

光纤系统的体积小、重量轻、宽带宽以及抗电磁干扰能力强，这是其用于飞机的突出优势。航空电子系统十分复杂，承担的任务种类多，信号处理实时性要求高。作为航空电子系统中各分系统之间的连接平台，光纤数据总线发挥着机载通信系统中枢神经的作用，因此必须具有可靠性极高、使用寿命长的特性。

20 世纪 80 年代中期，美国基于 1553B 总线技术研发了 MIL – STD – 1773 光纤总线。MIL – STD – 1773 光纤总线与 1553B 总线的主要区别在于其传输介质为光纤，质量轻、功耗小，而且电磁兼容性好。除去光电转换部分，它可以与 1553B 设备实现很好的兼容，并且在美国"自由"号空间站、F – 18 和 F – 111 等飞机项目中得到应用。在 F – 35、B – 1B 等飞机的改造中都采用了光纤通道作为机载网络系统。

3.3.1.4 典型应用

导弹制导是光纤通信的一种重要应用，光纤制导的原理和遥控制导的原理基本相同，其主要差异是在武器上使用光纤接口光电转化器和光纤制导线路，让导弹制导工作实现人工智能化。凭借对光纤通信的使用，将需要摧毁的目标图像信息实时、准确地传送到控制人员处，这样的操作办法有着极高的精确性，显著提升了导弹的有效射程，增强了作战任务质量。具体而言，光纤通信在导弹制导当中的使用，具有以下几个显著的优点：一是光纤通信具有很强的抗电磁干扰能力，设备体积相对较小，在信号传输的过程中损耗极低，能够显著增加导弹的射程；凭借军事人员的有效控制，导弹在飞行的过程中能够获取目标的实时信息，增加命中率。二是在进行导弹发射时，光纤通信还有稳定性强的优点，不会发散辐射，所以在作战的过程中，对方雷达很难有效监测到导弹的具体信息，提升了导弹在飞行过程中的安全性。三是在导弹飞行的过程中，传统的导弹观测角位置通常设置在导弹的侧方，在遇见大量烟雾或者尘埃时会使控制人员的视线受到阻碍，无法精确摧毁目标。在使用光纤通信技术时，观测角通常在导弹的正上方，能够有效避免尘埃、烟雾等对控制人员视线的干扰，提升导弹的命中率，增强导弹的攻击效果。四是凭借对光纤通信技术的使用，可以让导弹和人工控制之间实现双向数据传输，让导弹在运动过程中具备灵活性，甚至可以在一定程度上改变攻击目标，由此更加有效地攻击敌军。

3.3.2 卫星通信系统

卫星通信系统作为天基信息系统的重要组成部分，在现代战争中发挥着越来越重要的作用。以美国为首的西方国家对卫星通信的依赖性日益增强，在海湾战争中，90% 以上的情报靠通信卫星传送；在阿富汗战争中，卫星通信承担了 78% 以上的战区通信任务；在伊拉克战争中，美军不仅使用军用卫星，也大量使用商用卫星的可用资源。

军事卫星通信依其作用、地位、功能及服务对象不同，可大致分为两类，即战略卫星通信与战术卫星通信。就应用规模、范围来看，又可分为全球性卫星通信与区域性卫星通信。目前，世界上已有多个国家建立了多个军用卫星通信系统，其中以美国最具代表性。经过多年来的发展，美国军用卫星通信系统已经形成了由宽带卫星通信系统、宽带广播卫星通信系统、受保护的卫星通信系统、窄带卫星通信系统以及商用卫星通信系统构成的体系结构，如图 3 - 7 所示。

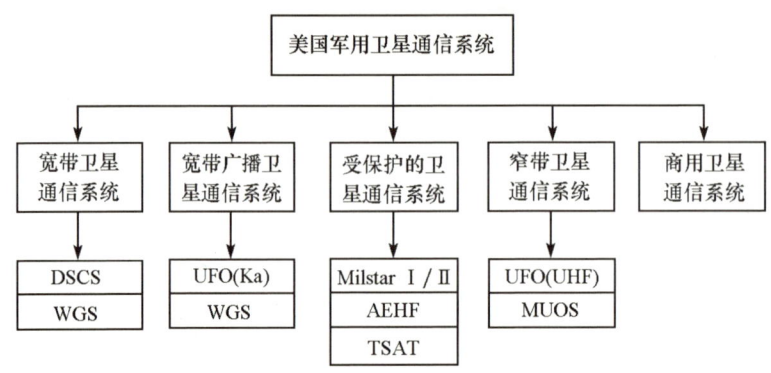

图 3 - 7　美国军用卫星通信系统体系结构

3.3.2.1　国防卫星通信系统

国防卫星通信系统（defense satellite communication system，DSCS）是美国战略战术远距离军用通信系统，能够提供多信道通信服务，为高级指挥人员提供保密话音和高数据率通信，是战略远程通信的支柱。

DSCS 共发展了 3 代。DSCS Ⅲ由 12 颗工作星、2 颗备份星共 14 颗卫星组成，位于地球静止轨道，能保证除两极外全球所有地区 24 小时不间断通信。该系统于 1982 年 10 月 30 日发射第一颗卫星 DSCS Ⅲ - 1，于 2003 年 8 月 29 日发射系统的最后一颗卫星 DSCS Ⅲ - 14，共计 14 颗。前 10 颗卫星每星的通信总容量为 100 兆比特/秒，后 4 颗卫星属于军方"服役寿命延长计划"项目，使用超高频进行通信，每星通信总容量为 200 兆比特/秒。DSCS Ⅲ是美军重要的卫星通信系统，它完成的任务包括：美国国家指挥当局、国防通信局与联合司令部和特种司令部之间的通信；预警机和战区飞机间的通信；支援应急事件或局部战争的高容量、高可靠性通信；以宽带信道来保证高质量的高速数据或高分辨率图形和图像的保密传输，快速传送传感器数据；提供其他传输手段不便完成的远距离通信和支援海军的舰岸通信。

该系统主要由星上转发器和地球站两大部分组成。工作于不同频率的每个信道（转发器），可以通过不同天线接收上行信号，例如信道 1 可以从 61 波束天线接收信号，也可以用覆球喇叭天线 2 接收信号。用多波束时，又可用覆球波束和窄波束来接收。多波束的运用使其增强了抗干扰性能。DSCS Ⅲ 卫星通信系统在多址连接方式上，不但采用通用的频分多址、时分多址，而且采用了码分多址和空分多址方式。

3.3.2.2　特高频后继卫星通信系统

特高频后继卫星（UHF follow-on，UFO）是美军特高频和极高频卫星通信系统，它可分为空间段、地面段和用户段。空间段搭载了全球广播业务载荷，地面段包括地面网络，用户段由各种用户终端组成。UFO 可用于全球战略和战术通信，能够为舰舰、舰岸和舰机之间提供语音、数据链路服务。其业务涉及指挥、控制、通信、计算机、情报、监视和侦察的所有方面，是美军最主要的提供战术行动的窄带业务通信系统。

1. 空间段

UFO 星座运行于赤道上空的对地静止轨道上覆盖地球南北纬70°之间的区域，星座由 9 颗业务星和 1 颗备份星共 10 颗卫星组成，第一颗卫星 UHF-FO2 于 1993 年 3 月 9 日升空，最后一颗 UHF-FO11 于 2003 年 12 月 18 日发射升空。每颗 UFO 具有 17 条带宽为 25 千赫兹的 UHF 信道，25 条带宽为 5 千赫兹的 UHF 信道，1 条带宽为 25 千赫兹的 SHF（7～8 吉赫兹）信道，以及 11 条 EHF 信道；卫星功率为 2 500 瓦，设计使用寿命 14 年。

搭载全球广播业务专用载荷的是 UHF-FO8、UHF-FO9 和 UHF-FO10

卫星，这 3 颗卫星使用极大容量的 Ka 频段有效载荷，作为临时的全球广播业务系统。下行链路工作在 20.2~21.2 吉赫兹，每颗卫星都具有 96 兆比特/秒的通信能力，在这 3 个指向可调的下行链路点波束天线中，其中 2 个点波束都能覆盖星下直径为 930 千米的区域，每个转发器支持最高达 24 兆比特/秒的速率；另一个下行链路点波束能覆盖星下直径为 3 700 千米的区域，支持1.5 兆比特/秒的速率。

2. 地面段

海军 UHF 卫星通信系统为美军舰队、潜艇、飞机和其他国防部用户提供全球通信服务。一个典型的海军特遣部队会用到战斗群指挥网、链路协调网、战术指挥官信息交换子系统、战术数据信息交换子系统、战术情报网、普通用户数字信息交换子系统、舰队卫星广播子系统、战术接收设备等 UHF网络。

3. UFO 的应用

UFO 最早应用于"全球广播系统"（GBS）中，美国国防部将"全球广播系统"称为超豪华神经系统。军队通过便携式、移动式终端，飞机、军舰、潜艇、坦克、装甲车、导弹、火箭，甚至智能制导的大炮都能随时随地得到各类大量信息，从而大大提高信息保障能力，掌握战争的主动权。UFO 为美国国防部提供了全球战略、战术通信能力，是美国海军主要的通信系统。

3.3.2.3　军事星

军事星（Milstar）是美国军事战略与战术中继卫星的简称，是一种对地静止轨道军用卫星通信系统。该系统能够保证美国在核战争条件下的三军保密通信，为部队尤其是为大量战术用户提供实时、保密、抗干扰的通信服务，其通信波束可以全球覆盖。系统于 20 世纪 80 年代初开始计划研制，发展经历了 Milstar - Ⅰ、Milstar - Ⅱ、Milstar - Ⅲ阶段，其中 Milstar - Ⅰ有 2 颗卫星，Milstar - Ⅱ有 4 颗卫星。

1. Milstar – Ⅰ

Milstar – Ⅰ 的 2 颗卫星分别位于 120°W 和 4°E 的对地静止轨道上，设计寿命 7 年，目前已超期服役。星体采用了先进的抗核加固技术，携带一个低速率通信载荷，一个星间通信载荷。通信载荷用于战略战术部队的增强型高生存性和最低限度通信，可发送和接收速率为 75 ～ 2 400 比特/秒的声码和数据信息。该卫星主要保障美军战略司令部在紧急状态时能够顺利下达指令，核力量是该系统的最优先用户，其次是陆、海、空军的非核作战部队。两星配对工作，提供对美太平洋至大西洋部队的保密通信覆盖。

2. Milstar – Ⅱ

Milstar – Ⅱ 系列卫星以战术通信为主，3 颗 Milstar – Ⅱ 卫星形成全球覆盖的抗干扰卫星通信网。与 Milstar – Ⅰ 不同，Milstar – Ⅱ 卫星在轨寿命达 10 年以上，它同时配置了低速率通信载荷和中速率通信载荷，载荷具有增强型的战术通信能力，其中包括为移动部队提供高数据速率通信。

3. 通信终端

美军约有上千套 Milstar 用户终端投入使用，主要终端类型有：车载式 SMART – T、单信道便携式 SCAMP、LGT（ASCAMP）、AN/USC – 38（V）、指挥所用 AN/FRC – 181、机载/舰载终端等。其中，车载式接收机按标准的集装箱运输要求设计，能完全适应师团级的作战要求；便携式接收机完成一次架设用时不到 5 分钟，适用于班组及特种部队；机载和舰载式则分别服务于空军和海军的作战要求。

3.3.2.4　宽带填隙卫星系统

宽带填隙卫星系统是美军主用的宽带卫星通信系统，当时用于填补国防卫星 DSCS Ⅲ 与转型通信卫星（transformational communications satellite，TSAT）之间的通信覆盖间隙，为战役级用户提供高速接入国防信息网的通信链路。由于 TSAT 计划暂停，宽带填隙卫星系统被大量部署，作为国防卫星通信系统的后继卫星，系统名称也变更为宽带全球卫星（wideband global satellite，WGS）。其采用的技术包括大功率卫星平台，点波束和相控阵天线技术，星上处理、再生和微波交换技术，激光通信技术，卫星通信业务 IP 化。

3.3.2.5 先进极高频卫星系统

先进极高频（advanced extremely high frequency，AEHF）卫星系统作为第三代军事星，改进了原 Milstar 系统的星上处理技术、星间链路技术和宽带频率合成技术，采用轻型多功能通信天线的组合阵列，将单信道抗干扰链路的速率提高到 8 兆比特/秒，该系统也可以提供具有抗干扰能力的安全通信。AEHF 卫星系统采用的技术包括点波束天线和调零天线，多波束跳变技术，星地一体化宽带跳频技术（上行链路 2 吉赫兹、下行链路 1 吉赫兹），星上处理和星上交换技术，星上网控、路由、加密及自主控制技术，UHF 交链技术和星间链路。

3.3.2.6 移动用户目标系统

移动用户目标系统（mobile user objective system，MUOS）是由美国海军研发的、用于提供窄带移动通信服务的卫星系统。该系统由 5 颗卫星和 4 个地面站组成。地面站平时负责对卫星进行测控、指令传输。MUOS 卫星网络主要为移动作战部队提供类似民用手机的 3G 网络服务。

UHF 频段由于受气候和遮蔽等自然环境影响较小，非常适合于战术移动通信场合。从 UFO 到 MUOS，美军仍在大力发展 UHF 频段战术通信系统，用以向数目众多、成本低廉、携带方便的战术终端提供窄带通信。移动平台对 UHF 终端的需求非常大，MUOS 是替代美 UFO 系统的下一代移动卫星通信系统。具体采用的技术包括大型可展开天线技术，卫星通信系统借鉴地面蜂窝移动通信系统新体制，干扰检测与信道化技术，采用软件化体系结构。

3.3.2.7 典型应用

美军指控通信链路是其军事力量体系的关键节点，目前，美军各作战平台大量运用军事通信卫星支撑其指控通信链路。实际上，美军军事通信卫星建设起步较早，在卫星体系规划以及关键技术研究等方面均处于世界领先地位。经过多年发展，目前美军已建成"宽带、窄带、受保护、中继"四位一体的军事通信卫星体系，在实战中也得到了广泛应用。在海湾战争中，美军首次全面应用宽带、窄带通信卫星，将前方战场的情况转发至美国本土指挥机构，再将指令发送至驻扎在沙特阿拉伯的多国联合部队，整个过程只需 9 秒。在伊拉克战争中，美军曾利用受保护通信卫星控制"捕食者"等攻击型无人机进行"时敏目标打击"，所需时间不到 15 分钟。在击毙本·拉登的行动中，行动现场的音频信息、图像信息通过军用通信卫星实时传回白宫，奥巴马等美国政府高级官员利用军用通信卫星进行了实时行动指挥，并观看了击毙本·拉登的全过程。另外，美军对伊朗指挥官苏莱曼尼实施的斩首行动中，军用通信卫星同样扮演了重要角色。

3.3.3 移动通信系统

在 20 世纪 70 年代以前，军事移动通信只是战术电台之间的点对点通信技术。如今，移动通信系统已成为战场上的基础通信手段，为各军兵种提供战斗通信、协同通信和指挥通信，并且战场前沿的移动通信系统可以与后方固定通信系统构成互联互通的网络。军事移动通信大致经历了三个发展阶段，从早期的单工模拟电台通信开始，经历了移动通信数字化组网的发展过程，现已进入综合业务数字移动通信网的新阶段。美军"21 世纪数字化战场通信网"和北约"Post - 2000 战术通信系统"等就是综合军用移动通信系统。

3.3.3.1 美军移动信息系统

1. 全球移动信息系统

全球移动信息系统（global mobile information system，GloMo）项目是美国国防高级研究计划局（defense advanced research projects agency，DARPA）于

1994 年提出的，目的是充分利用商用技术来提高 C^4I 系统的效能，以满足未来国防移动信息系统的灵活性、通用性和互通性需求。GloMo 项目的研究范围涉及移动组网、自适应无线电技术、中间件和网络应用等方面。该项目开发的无线自适应移动信息系统（wireless adaptive mobile information system, WAMIS）是一种在多跳、移动环境下支持多媒体业务的分组无线网。

GloMo 项目能够为战斗单元提供增强的网络连接和多媒体信息服务，支持网络的快速部署和自恢复，支持动中通；利用各种陆地和空间通信设施，使各种战斗无线电台能够接入大容量干线网，并与全球陆地移动通信网络相连，从而构成全球栅格状战区通信网。

2. MOSAIC 系统

多功能动中通保密自适应综合通信（MOSAIC）系统是美军 2000 年启动的一项计划，它充分利用了 GloMo 项目的成果，通过综合无线技术和网络协议，为下一代战术互联网提供技术基础，以支持语音、数据和视频业务在地面平台和空中平台之间的无缝传递。MOSAIC 将开发自适应战场网络，满足战术作战中心（tactical operation center, TOC）的分散部署、移动性和抗毁性需求，并将实现单兵系统、车载系统、战术系统和战略系统的互联。

另外，MOSAIC 先进技术演示是一个进行移动通信系统演示的项目。该项目的目标是构建一个满足未来战斗系统（future combat system, FCS）和目标部队的通信体系结构。MOSAIC ATD 已验证了支持近百个节点的自组织无线网格，相距 100 米 ~100 千米的节点间的数据传输速率为 56 千比特/秒 ~15 兆比特/秒。

3. 指挥员信息网 – 战术部分

指挥员信息网 – 战术部分（warfighter information network-tactical, WIN-T）是美国陆军一次大规模的战术通信发展计划，是充分将商用技术用于传输话音、数据和视频的 21 世纪战术通信系统。WIN-T 的重组已完成，着重于通信结构的调整、风险和技术准备状况分析及与其他计划的协调。WIN-T 计划开发了战术级的用于单兵和指挥官的个人通信设备，从而更好地支持用户的动中通能力。WIN-T 为陆军部队（从前线机动部队到战场后方的后勤、指挥和控制部门）提供了一个集成、灵活、安全、生存能力强、无缝连接的多媒体信息支持系统。同时，WIN-T 也是美军全球信息栅格的重要组成部分。

3.3.3.2 其他国家军用移动信息系统

其他一些国家的军用移动通信的发展也非常迅速，英国、澳大利亚、挪威和法国等国家都积极研究军用分组无线网。英军现役的战术通信系统有"松鸡"和多功能无线电系统（multi-radio system，MRS），MRS 属于第三代通信系统，目前北约和中东国家已装备了 MRS 系统。英国的战斗网无线电（combat net radio，CNR）和澳大利亚的短波战术无线网利用了无线分组交换技术，支持语音、图像、传真和报文等综合业务传输。挪威陆军于 20 世纪 90 年代研制了 TADKOM 综合业务战术通信网，网络结构为分层分布式，采用直接序列扩频体制，提供的主要业务是话音和数据业务。法军大量投入使用的第四代战术电台也综合了分组无线电功能，其中 RITA – 2000 高级通信系统是战术多媒体通信系统，可提供话音、数据、互联网、可视电话、电视会议、传真和电子邮件服务，极大增强了战场监视能力和武器平台的数据传输功能，具有很高的自动化程度。北约 Post – 2000 战术通信系统能实现联合战术部队在整个北约战区内快速移动情况下的保密、抗毁、实时通信，并能与北约国家战略网互联互通。

3.3.3.3 典型应用

美国 DARPA 于 2006 年联合雷神公司和科巴姆公司研发的新型无线网络 WNaN（wireless network after next）具备高度的网络适应性。作为一个高效的移动自组网战术通信网，WNaN 能够支持未来战场通信网络广泛的性能需求。WNaN 是一种认知无线电网络，它采用了一种创新型的体系结构以应对未来战场通信网络广泛的特征需求。它使用价格低廉的商用器件构建军用无线节点，并融合了移动自组网、动态频谱接入、延迟与容中断组网和分布式动态

频谱指派等先进技术。创新型的体系结构和多种新技术的综合应用使得
WNaN 具备在未来的战场环境中提供良好的通信保障的能力。经过多年的发
展，WNaN 网络取得了很多成就，包括：在 2012 年经过一系列演示后参加了
网络综合评价的测试评估，并在测试中演示了其可扩展性；2013 年，美国陆
军选择 WNaN 的无线电台来支持网络综合评价。

3.3.4 短波通信系统

作为一种有效应急通信方式，短波通信系统具有设备简单、使用维护方
便、机动性好以及经济成本低等诸多优势，在军事应用中具有不可替代的
地位。

3.3.4.1 美国海军的 HF-ITF 网络和 HF 舰/岸网络

20 世纪 80 年代初期，美国海军实验研究室提出了 HF-ITF 网络和 HF 舰/
岸网络。HF-ITF 网络在 2 ~ 30 兆赫兹采用扩频技术工作，主要用于海军特遣
部队内部军舰、飞机和潜艇间的高频通信，可以为海军提供 50 ~ 100 千米的
超视距通信。在 HF-ITF 网络内部，网络节点组成若干个节点群，每个节点至
少属于一个节点群，每个节点群有一个用于控制该群的中心节点，该群中的
所有节点均在中心节点的通信范围以内，中心节点通过网管连接起来，为该
群内其他节点提供与全网通信的能力。HFSS 网络是采用集中网控改造、包含
大量水面舰船节点、依靠天波传播的 HF 无线舰/岸远程通信网络。通常，
HFSS 网络中的中心节点由岸站充当，所有网络业务均通过中心节点，中心节
点根据自己的选择顺序来决定激活网络内部的某个双向链路。此外，美国还
试验过一种综合了 HF-ITF 和 HFSS 网络的数字 IHFDN，它通过对短波地波的
混合使用来构成大范围的 HF 无线通信系统。

3.3.4.2 澳大利亚的 LONGFISH 网络

20 世纪 90 年代中期，澳大利亚开始实施短波通信系统现代化计划并成功

研制了澳大利亚第一个数字化短波通信网络系统，为澳大利亚的战区军事互联网 ADMI 提供远距离移动通信手段。该系统中的 LONGFISH 是一个短波实验网络平台，其诸多设计概念来自 GSM 系统，网络结构类似于 GSM，具有多星状拓扑网络结构。实际上，该网络由澳大利亚本土的 4 个基站和多个分布多处的移动站组成，基站之间用光缆或卫星宽带链路相连。在该网络系统中还存在一个自动网络管理系统，为所有基站提供共同的频率管理信息，每个基站利用单独的频率组来进行预先分组的移动站的通信，从而减少频率探测和网络访问所需的时间。LONGFISH 网络利用 TCP/IP 协议通过 HF 执行任务，可以完成发送 E-mail、FTP 和遥控终端通过网络传输图像等功能。

3.3.4.3　典型应用

短波通信是一种不受网络枢纽、有源中继及既设设备等影响的通信方式。战争一旦爆发，各种既设通信设备都极有可能受到敌对势力的破坏，无论哪种通信方式，其战场生存能力和自主通信能力都无法与短波通信相媲美，短波通信是备受世界各国军方部门重视和依赖的一种"保底"通信手段。例如，在俄乌冲突期间，俄罗斯军队非常依赖 3~30 兆赫兹的短波无线电进行超视距传输。俄军使用了 R–166 Artek 和 R–176 Antey 短波和超短波车载或静态站无线电。这些无线电可以为 Akatsiya–M 火炮指挥控制系统提供语音和低速业务，通常部署在俄罗斯联合武装部队的指挥层。事实上，俄罗斯有 11 个类似的编队分布于四个军区。与此同时，俄军也将短波通信手段用于维持机动部队梯队内的主干线路通信。另外，由于短波频率低、传输速率高，可传输数据、文本、语音、传真和图像等多种信息，绕射能力强，在海上传输距离远，因此短波通信也是世界各国海军潜艇普遍采用的一种重要的潜对岸通信手段。然而，需要指出的是，由于潜艇的浮标天线必须露出水面收发信号，为避免被侦测和定位，潜艇一般只在确认安全或者紧急时使用短波对岸通信手段，且采用跳频、扩频、猝发等隐蔽通信技术降低信号被侦测定位的概率。

3.3.4.4　发展趋势

短波通信系统发展的主体是 3G – ALE、高速短波跳频和短波自适应组网。3G – ALE 基于 MIL – STD – 188 – 141B，使用呼叫信道同步搜索、驻留组结构、载波侦听访问协议以及 8PSK 突发波形传输技术，实现有效的信道接入机制。该系统的发展目标是改善网络自动连接能力、提高网络容量和扩展支持的通信业务种类。

作为扩频中的一种电子防御手段，高速跳频对于提高短波通信的抗干扰能力、抗多径传输和衰落十分有效。同时，宽带跳频可以突破 3 千赫兹宽带的限制，降低高速数据传输时的信噪比要求，有效增强通信信号的隐蔽性。因此，使用实时自适应跳频，可使得通信链路在无干扰或若干干扰的频点上实现跳频，有效应对阻塞干扰和点频干扰，提升通信连续性。

短波自适应组网是未来短波通信系统的一个重要特征。随着短波网络容量、传输速率和抗干扰能力的不断提升及其在远程通信领域应用的不断深入，HF 全自适应网络是未来的一个重要发展方向，并将发展成为一种远程综合业务数据网。在军事领域，它将成为远程指挥控制的一种手段，接入军用数据网和军用电话网，将军用指挥控制网络拓展到纵深地带。

3.3.5　数据链系统

从 20 世纪 50 年代开始，数据链的发展历经了半个多世纪，在此期间，美军一直是该领域发展的引领者，先后研制装备了多种型号、多种用途、通专结合、远近覆盖、多频段的数据链系统。

3.3.5.1　战术数据链

1. Link 4

20 世纪 50 年代末，为解决舰机协同问题，美国海军研制并装备了第一代战术数据链 Link 4。在最初的装备阶段，受限于重量和体积，Link 4 仅能向飞机单向传输信息。20 世纪 70 年代以后，Link 4 进一步增强为 Link 4A，具备了地空双向数据通信能力。1984 年起，美国海军为满足 F - 14 战斗机需求，进一步研制了 Link 4C 战斗机间抗干扰数据链。

2. Link 11

20 世纪 60 年代，美国海军研制成功一种低速战术数据链——Link 11，该数据链于 1964 年开始在美国海军服役，并陆续在美国空军、陆军及海军陆战队大范围配备，目前仍在广泛使用。航母舰载 S - 3A 反潜机、基地航空兵 P - 3C 反潜巡逻机以及 E - 2C、E - 3 预警机等飞机平台上均装备有 Link 11，这些飞机平台战术信息的交换能力因此得到了大大增强。

3. Link 16

Link 16 主要用于实现跨战术单位间的信息交互，并为战场监视数据、电子战数据、武器配备数据和控制数据交互提供支持。Link 16 使用 J 系列报文规范，可以完全满足指控功能和飞行器控制功能的要求，因此美军和北约已将 Link 16 作为战区导弹防御系统的主要战术链技术。

自 1983 年开始，Link 16 陆续装备 E - 3A 预警机、美军的陆基防空系统地面指挥所和北约的地面防空管制站，主要是对 E - 3A 预警机的监视情报数据进行分发。在海湾战争中，Link 16 经历了第一次实战考验，随后美军进一步加速了 Link 16 的发展。1994 年，Link 16 数据通信终端开始大量装备于作战飞机和军舰，并衍生出 TADIL - J 消息标准的试用版。历经几年用户试验，Link 16 的正式标准 MIL - STD - 600 于 1997 年发布，随后分别在 1999 年、2002 年改进为 MIL - STD - 6016A 和 MIL - STD - 6016B。

4. Link 22

Link 22 是一种保密干扰战术数据通信系统，通过中继系统来实现超视距通信，可以在陆、海、空、天以及水下各个平台间交换目标跟踪信息，实时地对指挥控制命令与告警信息进行传递。

Link 22 在 HF、UHF 频段利用时分多址（TDMA）或动态时分多址（DTDMA）协议组网，进行定频和跳频通信。Link 22 在 UHF 频段的传输速率可达 12.6 千比特/秒（固定频率），在 HF 频段传输速率为 500～2 200 比特/秒（低速跳频）。

3.3.5.2　通用数据链

通用数据链（common data link，CDL）是美军和北约传输侦察情报的一种主要数据链路，现有使用的各型通用数据链均是基于 CDL 标准。通用数据链的发展主要分为以下三个阶段。

1. 雏形阶段

20 世纪 70 年代，美国陆、海、空三军均进行了一系列的宽带情报数据链研究，计划用于满足 U-2 高空侦察机、先进战术机载侦察系统以及美国海军的"护栏"通用传感器等的情报传输需求，这些研究计划的成果便是通用数据链的雏形。

2. 标准制定阶段

由于早期数据链均是根据各个军兵种的应用需求开发，因此所采用的波形、调制技术以及系统终端等均有所差异，无法保证不同数据链之间以及与其他系统之间的交互，难以满足美军日益增加的联合作战需求。针对该问题，美国国防部在 1991 年开始研发 CDL，并制定了相应的系统规范，要求各军种基于这些规范研发相关的通用数据链，从而使 CDL 逐渐走向标准化，为后来通用数据体系的建立奠定了坚实的基础。

3. 体系形成阶段

20 世纪 90 年代中后期，通用数据链进入高速发展期。美国以及北约国家基于 CDL 标准进一步开发出诸多满足各种类型作战任务的通用数据链，比如战术通用数据链（tactical common data link，TCDL）、高完整性数据链（high integration data link，HIDL）等。随着武器平台信息化水平的不断提高，原先的点对点式的通用数据链已经难以满足日益增加的作战单元期望得到相关情报的需求。因此，未来通用数据链的主要发展方向是具有广播能力的带宽进一步增大的通用数据链，如 MP-CDL。美军已经根据其陆、海、空三军的作战需求确定了基于 CDL 标准的通用数据链路体系，主要包括 STD-CDL、N-CDL、A-CDL、MP-CDL 以及 TCDL 等。

3.3.5.3 典型应用

20 世纪 50 年代起，美国陆军、海军、空军和海军陆战队先后研发并装备了数十种数据链系统，并根据实际作战需要进行了退役、整合以及改进。目前，在役的数据链系统主要包括：以 Link 16、Link 22 和可变消息格式为代表的指挥控制数据链；以发展协同作战能力（cooperative engagement capability，CEC）、机间飞行数据链（intra-flight data link，IFDL）和战术瞄准网络技术（tactical targeting network technology，TINT）为代表的武器协同数据链；以通用数据链系列为代表的情报宽带数据链。

目前，美国和北约各军兵种的近/远程无人机系统普遍采用了标准化 CDL 和战术型 TCDL，可实现地空视距、卫星中继超视距传输。其中，地空传输速率可达 274 兆比特/秒、卫星传输速率达 50 兆比特/秒，能够保证高分辨率侦察信息实时传输。需要指出的是，CDL 装备了 RQ-4"全球鹰"高空长航时无人侦察机，TCDL 已经装备于 RQ-7B"影子"无人侦察机、RQ-8"火力侦察兵"舰载无人直升机和 MQ-9"捕食者"察打一体无人机。同时，有人驾驶侦察机、侦察吊舱、预警机、舰载反潜机和主要舰船都装备了 CDL 系列数据链，形成了多军种和多国侦察情报共享能力。

3.3.5.4 发展趋势

1. 一体化

一体化联合作战体系综合集成了战场信息收集系统、多功能的武器系统和指挥自动化系统，相应地也应当配备一体化的数据链系统，便于各作战单元提供所需的完整信息服务。一体化的战术数据链系统特征主要表现为以下两个方面：多数据链协同工作，即多种数据链共享指挥与控制处理器，组成完整的联合数据链体系，提供统一、完整的战术信息给作战指挥系统；多媒介数据链一体化工作，即利用卫星通信、光学通信以及其他远距离传输信道组成一体化数据链系统。

2. 智能化

随着战争形态及需求的不断变化，战术数据链系统也在沿着从静态固定到动态灵活的信息传输及交换方向不断演进。战术数据链系统的智能化主要表现在以下两个方面。

（1）抗毁且保密性好

数据链系统结合跳频技术、数据融合技术、密码技术及多波束指零天线，可以有效增强数据链的抗毁、抗干扰和保密能力。

（2）系统可编程及灵活组网

数据链网内各种成员需要的信息不同，因此需要相应调整数据链的功能、格式和类型。美军提出的"武器数据链结构"计划实质上就是用一种可编程的开放结构来拓展数据链的功能。同时，数据链系统还可以根据不同的数据进行组建，以便及时满足作战需求。

3. 小型集成化

在未来战争中，不同数据终端担负的职能也有所不同。因此，美军沿着从重量上向轻型方向发展的趋势对战术数据链设备进行不断改进，具体表现有以下两个方面：一是将战术数据链系统装备到轻型微型化装备系统。美军实施的"武器数据链结构"计划最初的目标就是发展一种小型化的Link16战术数据链。二是将战术数据链系统装备到地面移动部队和单兵终端，并以此研制开发微型"星链"系统，实现人－机和人－人之间的数据通信。

4. 高速互联化

战术数据链系统的主要用途是构建网络化战场，对图像、声音、气候等海量信息进行实时传送，从而保证战场上诸多军兵种一体化的实时联动作战。美军在对现有装备进行兼容的基础上，同时对现有数据链进行积极改进，以便实现全球到达和战略级互通。

第 4 章

军事情报处理分析技术

军事情报处理分析是情报生产流程中非常重要的环节之一，是通过对全源数据进行综合、评估、分析和解读，将处理过的信息转化为情报以满足已知或预期用户需求的过程。本章将以开源情报分析、计算机辅助情报分析以及情报融合技术为例，阐述在面对情报信息资料和来源量急剧增加，情报分析涉及面广、关系复杂以及智能化情报技术水平不断提高等现实情况下，如何有效分析、融合数据，做出归纳性推理，帮助情报人员进行正确的情报分析工作。

4.1 开源情报分析

4.1.1 概述

开源情报也称公开情报，是指通过公开手段或合法程序自由获得的无密级的或已销秘的情报信息，是军事情报的类型之一。相对于秘密情报而言，开源情报通常指从发行、传播范围不受限制或只受一般限制，可以通过公开合法手段、程序获得的资料中提取的情报，主要包括来自图书、报刊、新闻、声像、公开网络、实物样品等的情报，具有数量大、内容广、成本低、无风险、易获得、时效性强等特点。开源情报可辅助印证其他手段获取的情报的真实性。

一般认为，开源情报在当代情报机构获取的情报总量中所占比例高达95%。国际互联网出现后，世界各国更加重视开源情报的收集。随着互联网在全球范围内的迅速发展，可供人们利用的网络信息飞速膨胀，互联网已经成为人们取之不尽、用之不竭的开源信息资源宝库。开源情报的价值与日俱增，将在情报体系中继续占据一个相当大的比重，其发挥的作用也越来越大，正成为战略决策、科研活动、外军研究的强大支撑。

公开资源可以划分为六种类型，不同类型间或有一定的交叉重叠。第一类是媒体，如报纸、杂志、广播、电视；第二类是互联网资源，包括在线出版物、博客、讨论组、公众传媒、视频网站和社交媒体网站等；第三类是公开的政府数据，可以阅读印刷版本或在线查阅，相关形式有政府工作报告、预算报告、听证会、电话簿、媒体发布会、网站和演说；第四类是专业的学术出版物，如期刊、会议论文集、学术论文、学术演讲和学位论文；第五类是商务数据，如商业图像、金融和行业分析，以及各类公司发布的各种数据库；第六类是灰色文献，即通过特殊渠道获取的国内外公开资料，但不适合通过正常渠道或系统加以出版、传播、书目管理或通过书商、签约代理商出售的文献资料。灰色文献包括但不限于技术报告、预印本、专利、工作底稿、商务文件、未发表作品、论文以及时事通讯。这六种类型的文献资源现在一般数字化了，都可以通过网络发布和传播，所以一般所说的开源情报可以指代为网络情报或互联网情报。

利用公开资源能够搜集以下情报：提供突发危机和地区不稳定事件的初期信息；详细研究主要领导人、持不同政见者和反对派领导人，以及恐怖分子和犯罪人员；研究地理、人口和基础设施的国家安全影响；国内外政策调整的动向；有关军事力量组织、装备和部署的情况；分析民族、种族和宗教问题对国家安全的影响；信息战应用战略；调查犯罪组织。

4.1.2　处理技术

处理开源情报的技术主要为数据挖掘。数据挖掘是从大量的、不完全的、有噪声的、模糊的、随机的数据中，提取隐含在其中的、人们事先不知道的，但又是潜在有用的信息和知识的过程。数据挖掘是一种决策支持过程，它主要基于人工智能、机器学习、模式识别、统计学、数据库、可视化技术等，高度自动化地分析数据，做出归纳性的推理，从中挖掘出潜在的模式，帮助决策者做出正确的决策。

数据挖掘是通过分析数据，从大量数据中寻找其规律的技术，主要有数据准备、规律寻找和规律表示三个步骤。数据准备是从相关的数据源中选取所需的数据并整合成用于数据挖掘的数据集；规律寻找是用某种方法将数据集所含的规律找出来；规律表示是尽可能以用户可理解的方式（如可视化）将找出的规律表示出来。

4.1.2.1　数据挖掘对象

数据的类型可以是结构化的、半结构化的，甚至是异构型的。数据挖掘的对象可以是任何类型的数据源。可以是关系数据库，此类包含结构化数据的数据源；也可以是数据仓库、文本、多媒体数据、空间数据、时序数据、Web 数据，此类包含半结构化数据甚至异构型数据的数据源。

4.1.2.2　数据挖掘分析方法

数据挖掘分为有指导的数据挖掘和无指导的数据挖掘。有指导的数据挖掘是利用可用的数据建立一个模型，这个模型是对一个特定属性的描述。无指导的数据挖掘是在所有的属性中寻找某种关系。具体而言，分类、估值和预测属于有指导的数据挖掘；关联规则和聚类属于无指导的数据挖掘。

1. 分类

先从数据中选出已经分好类的训练集，再运用数据挖掘技术在训练集上建立一个分类模型，然后将该模型用于对没有分类的数据进行分类。

2. 估值

估值与分类类似，但估值最终的输出结果是连续型的数值，估值的量并非预先确定。估值可以作为分类的准备工作。

3. 预测

预测是通过分类或估值来进行，通过分类或估值的训练得出一个模型，如果对于检验样本组而言该模型具有较高的准确率，可将该模型用于对新样本的未知变量进行预测。

4. 相关性分组或关联规则

相关性分组或关联规则的目的是发现哪些事情总是一起发生。

5. 聚类

聚类是自动寻找并建立分组规则的方法，通过判断样本之间的相似性，把相似样本划分在一个簇中。

4.1.2.3　数据挖掘技术流程

从数据本身来考虑，数据挖掘技术流程通常需要有信息收集、数据集成、数据规约、数据清理、数据变换、数据挖掘过程、模式评估和知识表示等八个步骤。

1. 信息收集

根据确定的数据分析对象抽象出在数据分析中所需要的特征信息，然后选择合适的信息收集方法，将收集到的信息存入数据库。对于海量数据，选择一个合适的数据存储和管理的数据仓库是至关重要的。

2. 数据集成

把不同来源、格式、特点性质的数据在逻辑上或物理上有机地集中，从而为用户提供全面的数据共享。

3. 数据规约

执行多数的数据挖掘算法即使在少量数据上也需要很长的时间，而做商业运营数据挖掘时往往数据量非常大。数据规约技术可以用来得到数据集的规约表示，它的体量小得多，但仍然接近于保持原数据的完整性，并且规约后执行数据挖掘结果与规约前执行结果相同或几乎相同。

4. 数据清理

数据库中的数据有一些是不完整的（有些感兴趣的属性缺少属性值）、含噪声的（包含错误的属性值），并且是不一致的（同样的信息有不同的表示方式），因此需要进行数据清理，将完整、正确、一致的数据信息存入数据仓库中。

5. 数据变换

通过平滑聚集、数据概化、规范化等方式将数据转换成适用于数据挖掘的形式。对于有些实数型数据，通过概念分层和数据的离散化来转换数据也是重要的一步。

6. 数据挖掘过程

根据数据仓库中的数据信息，选择合适的分析工具，应用统计方法、事例推理、决策树、规则推理、模糊集甚至神经网络、遗传算法等处理信息，得出有用的分析信息。

7. 模式评估

数据挖掘完成后，需要判别代表知识的真正有意义的数据模式，确保数据挖掘过程可以实现业务目标。该过程一般由行业专家来验证数据挖掘结果的正确性。

8. 知识表示

将数据挖掘所得到的分析信息以可视化的方式呈现给用户，或作为新的知识存放在知识库中，供其他应用程序使用。

数据挖掘过程是一个反复循环的过程，每一个步骤如果没有达到预期目标，都需要回到前面的步骤，重新调整并执行。不是每件数据挖掘的工作都需要做这里列出的每一步，例如在某个工作中不存在多个数据源的时候，步骤 2 便可以省略。步骤 3、4、5 又合称数据预处理。在数据挖掘中，至少 60% 的费用可能要花在步骤 1 阶段，而至少 60% 以上的精力和时间是花在数据预处理阶段。

4.1.2.4　数据挖掘任务

数据挖掘任务包括分类分析、关联分析、聚类分析等。

1. 分类分析

分类是在一群已经知道类别标号的样本中训练一种分类器，让其能够对某种未知的样本进行分类。分类算法属于一种有监督的学习。分类算法的分类过程就是建立一种分类模型来描述预定的数据集或概念集，通过分析由属性描述的数据库元组来构造模型。分类的目的就是对新的数据集进行划分，其主要涉及分类规则的准确性、过拟合、矛盾划分的取舍等。

分类方法主要包括决策树、贝叶斯分类算法、人工神经网络、k - 近邻、支持向量机和基于关联规则的分类等；另外还有用于组合单一分类方法的集成学习算法，如 Bagging 和 Boosting 等。

（1）决策树

决策树是用于分类和预测的主要技术之一，决策树学习是以实例为基础的归纳学习算法，它着眼于从一组无次序、无规则的实例中推理出以决策树表示的分类规则。构造决策树的目的是找出属性和类别间的关系，用它来预测将来未知类别记录的类别。它采用自顶向下的递归方式，在决策树的内部节点进行属性的比较，并根据不同属性值判断从该节点向下的分支，在决策树的叶节点得到结论。

决策树是一个树结构，可以是二叉树或非二叉树，也可以把它看作 if-else 规则的集合，还可以认为是在特征空间上的条件概率分布。树中的内部节点代表一个属性，节点引出的分支表示这个属性的所有可能的值，叶节点表示最终的分类结果。从根节点到叶节点的每一条路径构建一条规则，并且这些规则具有互斥且完备的性质，即每一个样本均被且只被一条路径所覆盖。

决策树的创建是根据给定的训练数据来完成的，主要的决策树算法有ID3、C4.5（C5.0）、CART、PUBLIC、SLIQ 和 SPRINT 等。它们在选择测试属性采用的技术、生成的决策树的结构、剪枝的方法以及时刻、能否处理大数据集等方面都有各自的不同之处。

（2）贝叶斯分类算法

贝叶斯分类算法是统计学的一种分类方法，它是一类利用概率统计知识进行分类的算法。在许多场合，朴素贝叶斯（naive Bayes，NB）分类算法可以与决策树和神经网络分类算法相媲美，该算法能运用到大型数据库中，而且方法简单、分类准确率高、速度快。

设每个数据样本用一个 n 维特征向量来描述 n 个属性的值，即 $X = \{x_1, x_2, \cdots, x_n\}$，假定有 m 个类，分别用 C_1，C_2，$\cdots$，C_m 表示。给定一个未知的数据样本 X（即没有类标号），若朴素贝叶斯分类算法将未知的样本 X 分配给类 C_i，则一定是 $P(C_i|X) > P(C_j|X)$，$1 \leqslant j \leqslant m$，$j \neq i$。

根据贝叶斯定理，由于 $P(X)$ 对于所有类为常数，最大化后验概率 $P(C_i|X)$ 可转化为最大化先验概率 $P(X|C_i)P(C_i)$。如果训练数据集有许多属性和元组，计算 $P(X|C_i)$ 的开销可能非常大，为此，通常假设各属性的取值互相独立，这样先验概率 $P(x_1|C_i)$，$P(x_2|C_i)$，$\cdots$，$P(x_n|C_i)$ 可以从训练数据集求得。根据此方法，对一个未知类别的样本 X，可以先分别计算出 X 属于每一个类别 C_i 的概率 $P(X|C_i)$ $P(C_i)$，然后选择其中概率最大的类别作为其类别。

朴素贝叶斯算法成立的前提是各属性之间互相独立。当数据集满足这种独立性假设时，分类的准确度较高，否则可能较低。另外，该算法没有分类规则输出。

（3）人工神经网络

人工神经网络（artificial neural network，ANN）是一种应用类似于大脑神经突触连接的结构进行信息处理的数学模型。在这种模型中，大量的节点（或称"神经元"或"单元"）之间相互连接构成网络，即"神经网络"，以达到处理信息的目的。神经网络通常需要进行训练，训练的过程就是网络进行学习的过程。训练改变了网络节点的连接权值，使其具有分类的功能，经过训练的网络就可用于对象的识别。

目前，神经网络已有上百种不同的模型，常见的有 BP 神经网络、径向基（radial basis function，RBF）网络、Hopfield 神经网络、随机神经网络（Boltzmann 机）、竞争神经网络（Hamming 网络，自组织映射网络）等。但是当前的神经网络仍普遍存在收敛速度慢、计算量大、训练时间长和不可解释等缺点。

（4）k–近邻

k–近邻（k-nearest neighbors，kNN）算法是一种基于实例的分类方法。该方法就是找出与未知样本 x 距离最近的 k 个训练样本，看这 k 个样本中多数属于哪一类，就把 x 归为那一类。k–近邻算法是一种懒惰学习方法，它存放样本，直到需要分类时才进行分类，如果样本集比较复杂，可能会导致很大的计算开销，因此无法应用到实时性很强的场合。

（5）支持向量机

支持向量机（support vector machine，SVM）是根据统计学习理论提出的一种新的学习方法，它的最大特点是根据结构风险最小化准则，以最大化分类间隔构造最优分类超平面来提高学习机的泛化能力，较好地解决了非线性、高维数、局部极小点等问题。对于分类问题，支持向量机算法根据区域中的样本计算该区域的决策曲面，由此确定该区域中未知样本的类别。

（6）基于关联规则的分类

关联规则挖掘是数据挖掘中一个重要的研究领域。近年来，对于如何将关联规则挖掘用于分类问题，学者们进行了广泛的研究。关联分类方法挖掘形如 condset→C 的规则，其中 condset 是项（或属性－值对）的集合，而 C 是类标号，这种形式的规则称为类关联规则（class association rules，CARS）。关联分类方法一般由两步组成：第一步，用关联规则挖掘算法从训练数据集中挖掘出所有满足指定支持度和置信度的类关联规则；第二步，使用启发式方法从挖掘出的类关联规则中挑选出一组高质量的规则用于分类。属于关联规则分类的算法主要包括 CBA、ADT、CMAR 等。

2. 关联分析

关联规则是形如 X→Y 的蕴涵式，其中，X 和 Y 分别称为关联规则的先导（antecedent 或 left-hand-side，LHS）和后继（consequent 或 right-hand-side，RHS）。其中，关联规则 XY 存在支持度和信任度。

· 知识延伸

－ "尿布与啤酒" 的故事 －

"尿布与啤酒" 的故事是比较经典的关联分析的例子。沃尔玛拥有世界上最大的数据仓库系统，为了能够准确了解顾客在其门店的购买习惯，沃尔玛对顾客的购物行为进行购物篮分析，想知道顾客经常一起购买的商品有哪些。沃尔玛数据仓库里集中了各门店的详细原始交易数据。在这些原始交易数据的基础上，沃尔玛利用数据挖掘方法对这些数据进行分析和挖掘。一个意外的发现是：跟尿布一起购买最多的商品竟是啤酒！经过大量实际调查和分析，揭示了一个隐藏在 "尿布与啤酒" 背后的美国人的一种行为模式：在美国，一些年轻的父亲下班后经常要到超市去买婴儿尿布，而他们中有 30% ~40% 的人同时也会为自己买一些啤酒。产生这一现象的原因是：美国的太太们常叮嘱她们的丈夫下班后为小孩买尿布，而丈夫们在买尿布后又随手带回了他们喜欢的啤酒。

关联规则挖掘过程主要包含两个阶段：第一阶段必须从原始资料集合中

找出所有高频项目组（frequent itemsets）。高频是指某一项目组出现的频率相对于所有记录而言，必须达到某一水平。一项目组出现的频率称为支持度（support）。以一个包含 A 与 B 两个项目的 2 – itemset 为例，可以求得包含 {A，B} 项目组的支持度，若支持度大于等于所设定的最小支持度（minimum support）门槛值，则 {A，B} 称为高频项目组。若一个 k-itemset 满足最小支持度，则称为高频 k – 项目组（frequent k-itemset），一般表示为 Large k 或 Frequent k。算法从 Large k 的项目组中再产生 Large $k+1$，如此下去，直到无法再找到更长的高频项目组为止。

第二阶段是要从这些高频项目组中产生关联规则（association rules）。此阶段是利用前一步骤的高频 k – 项目组来产生规则。在最小置信度（minimum confidence）的条件门槛下，若一规则所求得的置信度满足最小置信度，则称此规则为关联规则。例如，经由高频 k – 项目组 {A，B} 所产生的规则 AB，若置信度大于等于最小置信度，则称 AB 为关联规则。满足最小支持度和最小置信度的关联规则，称为强关联规则。经典的关联分析算法有 Apriori 算法和 FP-growth 算法。

（1）Apriori 算法

Apriori 算法是一种最有影响的挖掘布尔关联规则频繁项集的算法。其核心是基于两阶段频集思想的递推算法。该关联规则在分类上属于单维、单层、布尔关联规则。在这里，所有支持度大于最小支持度的项集称为频繁项集，简称频集。

Apriori 算法的原理是通过限制候选产生发现频繁项集，由频繁项集产生关联规则。Apriori 算法的重要性质：

性质 1：频繁项集的子集必为频繁项集。如果 {B，C} 是频繁的，那么 {B}，{C} 也一定是频繁的。

性质 2：非频繁项集的超集一定是非频繁的。如果 {A，B} 是非频繁的，那么 {A，B，C}，{A，B，C，D} 也一定是非频繁的。

使用 Apriori 算法发现频繁项集，先扫描数据集，得到所有出现过的数据，作为候选 1 项集；挖掘频繁 k 项集，扫描计算候选 k 项集的支持度，剪枝去掉候选 k 项集中支持度低于最小支持度 α 的数据集，得到频繁 k 项集。如果频繁 k 项集为空，则返回频繁 $k-1$ 项集的集合作为算法结果，算法结束；如果频繁 k 项集非空，那么基于频繁 k 项集，由 $k=k+1$ 生成候选 $k+1$ 项集；依此再继续迭代，结果由频繁项集产生关联规则。

（2）FP-growth 算法

FP-growth（frequent pattern-growth）算法是针对 Apriori 算法的固有缺陷而提出的一种不产生候选挖掘频繁项集的方法。采用分而治之的策略，在经过第一遍扫描之后，把数据库中的频集压缩进一棵频繁模式树（frequent pattern tree，FP-tree），同时依然保留其中的关联信息，随后再将 FP-tree 分化成一些条件库，每个库和一个长度为 1 的频集相关，然后再分别对这些条件库进行挖掘。当原始数据量很大的时候，也可以结合划分的方法，使得一个 FP-tree 可以放入主存中。实验表明，FP-growth 算法对不同长度的规则都有很好的适应性，同时在效率上较 Apriori 算法有巨大的提高。

3. 聚类分析

俗话说："物以类聚，人以群分。"在自然科学和社会科学中，存在着大量的分类问题。所谓"类"，通俗地说，就是指相似元素的集合。

聚类（cluster）分析又称群分析，它是研究（样品或指标）分类问题的一种统计分析方法，同时也是数据挖掘的一个重要算法。聚类分析是由若干模式（pattern）组成的，通常，模式是一个度量（measurement）的向量，或者是多维空间中的一个点。聚类分析以相似性为基础，在一个聚类中的模式之间比不在同一聚类中的模式之间具有更多的相似性。

（1）划分法

基于划分法（partitioning methods），首先给定一个有 n 个元组或者记录的数据集，然后将数据分为 k（$k<n$）组，每一个分组就代表一个聚类。这 k 个分组满足下列条件：每一个分组至少包含一个数据记录；每一个数据记录属于且仅属于一个分组（注意：这个要求在某些模糊聚类算法中可以放宽）。

对于给定的 k，算法首先给出一个初始的分组方法，然后通过反复迭代的方式改变分组，使得每一次改进之后的分组方案都较前一次好。所谓好的标准就是：同一分组中的记录越近越好，而不同分组中的记录越远越好。

大部分划分方法是基于距离的。给定要构建的分区数 k，划分方法首先创建一个初始化划分；然后采用一种迭代的重定位技术，通过把对象从一个组移动到另一个组来进行划分。一个好的划分的一般标准是：同一个簇中的对象尽可能相互接近或相关，而不同的簇中的对象尽可能远离或不同。传统的划分方法可以扩展到子空间聚类，而不是搜索整个数据空间。当存在很多属性并且数据稀疏时，这是有用的。为了达到全局最优，基于划分的聚类可能需要穷举所有可能的划分，计算量极大。实际上，大多数应用都采用了流行的启发式方法，如 k – 均值算法和 k – 中心算法，渐近地提高聚类质量，逼近局部最优解。这些启发式聚类方法很适合发现中小规模数据库中的球状簇。为了发现具有复杂形状的簇和对超大型数据集进行聚类，需要进一步扩展基于划分的方法。

使用这种基本思想的算法有 k-means 算法、k-medoids 算法、clara 算法和 clarans 算法。

①k-means 算法

k-means 算法接受输入量 k，然后将 n 个数据对象划分为 k 个聚类，以便使所获得的聚类满足：同一聚类中的对象相似度较高，而不同聚类中的对象相似度较小。聚类相似度是利用各聚类中对象的均值获得一个"中心对象"（引力中心）来进行计算的。

k-means 算法的过程如下：

首先从 n 个数据对象任意选择 k 个对象作为初始聚类中心；而对于剩下的其他对象，则根据它们与这些聚类中心的相似度（距离），分别将它们分配给与其最相似的（聚类中心所代表的）聚类。

然后再计算每个所获新聚类的聚类中心（该聚类中所有对象的均值）；不断重复这一过程直到标准测度函数开始收敛为止。

一般都采用均方差作为标准测度函数。k 个聚类具有以下特点：各聚类本身尽可能地紧凑，而各聚类之间尽可能地分开。

②k-medoids 算法

k-means 算法的缺点是产生类的大小相差不会很大，对于脏数据很敏感。改进的 k-medoids 算法选取一个对象 mediod 来代替 k-means 算法的"中心对象"，这样的一个 medoid 就标识了这个类。k-medoids 算法和 k-means 算法不一样的地方在于中心点的选取，在 k-means 算法中，将中心点取为当前聚类中所有数据点的平均值，而在 k-medoids 算法中，将从当前聚类中选取这样一个点——它到其他所有（当前聚类中的）点的距离之和最小——作为中心点。

③clara 算法

k-medoids 算法不适合于大数据量的计算，而 clara 算法是对 k-medoids 算法的一种改进。clara 算法是一种基于采样的方法，能够处理大量的数据。clara 算法的思想就是用实际数据的抽样来代替整个数据，然后再在这些抽样的数据上利用 k-medoids 算法得到最佳的 medoids。clara 算法也有一定缺陷，因为它依赖于抽样次数、样本数据是否均匀分布及样本大小。

④clarans 算法

clara 算法的效率取决于采样的大小，一般不太可能得到最佳的结果。故在 clara 算法的基础上，又提出了 clarans 算法。与 clara 算法不同的是，在 clara 算法寻找最佳的 medoids 的过程中，采样都是不变的，而 clarans 算法在每一次循环的过程中所采用的采样都是不一样的。而且与上文所讲算法中寻找最佳 medoids 的过程不同的是，clarans 算法必须人为地限定循环次数。

（2）层次聚类方法

层次聚类方法（hierarchical clustering methods）是对给定的数据集进行层次似的分解，直到某种条件满足为止。具体又可分为自底向上和自顶向下两种方案。例如，在自底向上方案中，初始时每一个数据纪录都组成一个单独的组，在接下来的迭代中，它把那些相互邻近的组合并成一个组，直到所有的记录组成一个分组或者某个条件满足为止。

层次聚类方法可以是基于距离的或基于密度或连通性的。层次聚类方法的一些扩展也考虑了子空间聚类。层次聚类方法的缺陷在于，一旦一个步骤（合并或分裂）完成，它就不能被撤销。这个严格规定是有用的，因为不用担心不同选择的组合数目，它将产生较小的计算开销。然而这种技术不能更正错误的决定。基于此，业界提出了一些提高层次聚类质量的方法。代表算法有 BIRCH 算法、CURE 算法、CHAMELEON 算法等。

①BIRCH 算法

BIRCH（balanced iterative reducing and clustering using hierarchies）算法是一个综合的层次聚类算法。它用到了聚类特征（clustering feature，CF）和聚类特征树（CF tree）两个概念，用于概括聚类描述。聚类特征树概括了聚类的有用信息，并且占用空间较元数据集合小得多，可以存放在内存中，从而提高算法在大型数据集合上的聚类速度及可伸缩性。

BIRCH 算法的主要思想是：通过扫描数据库，建立一个初始存放于内存中的聚类特征树，然后对聚类特征树的叶结点进行聚类。它的核心是聚类特征和聚类特征树。CF 是指三元组 $CF = (N, LS, SS)$，用来概括子簇信息，而不是存储所有的数据点。其中：N 是簇中 d 维点的数目；LS 是 N 个点的线性和；SS 是 N 个点的平方和。比如给定一个由二维点组成的集合 ｛（3，4），（2，6），（4，5）｝，那么 CF 结构概括了簇的基本信息，并且是高度压缩的，它存储了小于实际数据点的聚类信息。同时 CF 的三元结构设置使得计算簇的半径、簇的直径、簇与簇之间的距离等非常容易。

②CURE 算法

绝大多数聚类算法，或擅长处理球形和相似大小的聚类，或当存在孤立点时变得比较脆弱。CURE（clustering using representative）采用了一种新颖的层次聚类算法，该算法选择基于质心和基于代表对象方法之间的中间策略。它不同于单个质心或对象来代表一个类，而是选择数据空间中固定数目的具有代表性的点。一个类的代表点通过如下方式产生：首先选择类中分散的对象，然后根据一个特定的分数或收缩因子"收缩"或移动它们。在算法的每一步，有最近距离的代表点对（每个点来自不同的类）的两个类被合并。

每个类有多于一个的代表点，使得 CURE 算法可以适应非球形的几何形状。类的收缩或凝聚有助于控制孤立点的影响。因此，CURE 算法对孤立点的处理能力更强，而且能够识别非球形和大小变化较大的类。针对大型数据库，CURE 算法采用随机取样和划分两种方法组合：一个随机样本首先被划分，每个划分被部分聚类。

（3）密度算法

密度算法（density-based methods）与其他算法的一个根本区别是：它不是基于各种各样的距离，而是基于密度。这样就能克服基于距离的算法只能发现"类圆形"聚类的缺点。

密度算法的基本思想是：只要一个区域中点的密度大于某个阈值，就把它加到与之相近的聚类中去。代表算法有：DBSCAN 算法、OPTICS 算法等。

①DBSCAN 算法

DBSCAN（density-based spatial clustering of applications with noise）算法是一种比较有代表性的基于密度的聚类算法。与划分法和层次聚类方法不同，它将簇定义为密度相连的点的最大集合，能够把具有足够高密度的区域划分为簇，并可在噪声的空间数据库中发现任意形状的聚类。

DBSCAN 算法不用事先设置要形成的簇类数量，可以发现任意形状的簇类，还能识别出噪声点，且对于数据库中样本的顺序不敏感。其不足之处是不能很好地反映大尺寸数据、数据集变化的密度，对于高维数据，点与点之间极为稀疏，密度难以定义。

②OPTICS 算法

DBSCAN 算法对于邻域半径和最小样本数两个参数比较敏感，不同的参数取值会产生不同的聚类效果。为了降低参数设置对聚类结果造成的不稳定性，在 DBSCAN 算法的基础上，提出了 OPTICS（ordering points to identify the clustering structure）算法。OPTICS 算法通过对样本点排序来识别聚类结构。为了了解该算法，首先要理解核心距离、可达距离两个基本概念。

核心距离（core distance）是使一个样本点成为核心样本点（core points）的最小半径，在给定邻域半径和最小样本数的前提下，核心距离可以比给定的邻域半径更小。核心距离的作用是判断一个样本是否为核心样本点，如果核心距离小于等于邻域半径，则样本为核心样本点；如果核心距离大于邻域半径，则样本点不是核心样本点。

可达距离（reachability distance）指样本与核心样本点的距离。可达距离用于对样本点进行排序，这也是 OPTICS 算法名称中"ordering points"的由来。

该算法的具体过程如下：

第一步，定义两个队列，有序队列和结果队列。有序队列用于存储核心样本点及其密度直达样本点，并按照可达距离升序排列；结果队列用于存储样本点的输出次序；有序队列中的样本点为待处理样本，结果队列中的样本点为处理之后的样本。

第二步，选取一个未处理的核心样本点，将其放入结果队列，同时计算邻域内样本点的可达距离，按照可达距离升序将样本点依次放入有序队列。

第三步，从有序队列中提取第一个样本，如果为核心样本点，则计算可达距离，将可达距离最小的点放入结果队列；如果不是核心样本点，则跳过该点，选取新的核心样本点，重复第二步。

再不断迭代第二步和第三步，直到所有样本点都处理完毕，然后输出结果队列中的样本点及其可达距离。

处理完毕之后，根据样本的输出顺序和可达距离，可以绘制成柱状图，其中不同的峰谷对应不同的簇。

4.1.3 应用情况

当前，西方世界借助自身在网络技术和全球制度方面的优势逐步建立起了在网络空间的绝对主导地位，与之相对，俄罗斯在网络空间则长期处于从属地位。截至 2021 年，俄罗斯国内 Instagram、Facebook（Meta）、Twitter 以

及 YouTube 等四家美西方主导的开源网络平台用户总量就达到 2. 17 亿。从整
体来看，俄乌冲突前西方世界与俄罗斯在开源网络平台方面的差距异常明显，
因而开源网络情报搜集和分析成为俄乌冲突中美西方攫取俄罗斯安全情报的
重要方式，极大影响了冲突态势的整体走向。

一方面，美西方利用开源网络对俄罗斯安全情报的攫取实质上在俄乌冲
突爆发前就已经开始，国际社交媒体上出现了大量体现俄罗斯军事部署的现
场照片乃至视频，使俄罗斯的军事行动"透明化"。美西方运用开源网络发现
并推送俄罗斯相关军事部署，其主要目标在于强化国际社会对"俄罗斯正在
准备对乌克兰发动军事攻击"这一信念的认知，并诱导俄罗斯对乌克兰使用
武力，从而为西方世界对俄罗斯的制裁寻找借口。而在俄乌冲突正式爆发前几
个小时，美国的开源情报分析小组就通过谷歌地图上从俄罗斯别尔哥罗德到
乌克兰第二大城市哈尔科夫的主要道路出现"交通堵塞"分析出俄罗斯可能
马上发起攻击。

另一方面，在俄乌冲突发生后的战争进程中，开源网络也成为美西方攫
取俄罗斯安全情报的重要路径。俄乌冲突中，各种战争场景被实时传播到了美
西方主导的国际社交媒体上，吸引着全球用户的眼光。在俄乌冲突进程中，
美西方开源情报分析师利用开源网络信息来跟踪军事基础设施，评估实地事
件和伤亡人数，例如开源情报被美西方用来侦察俄罗斯是否在民用地区使用
集束弹药等。

4. 2 计算机辅助情报分析

自计算机问世以来，人们就充分发挥了计算机的功能，让计算机帮助完
成各种任务。由于计算机的逻辑计算能力强于人类，因此计算机可以帮助人
类完成大量逻辑计算工作，人类则有更多的时间和精力投入擅长而计算机相
对较弱的形象思维任务。计算机强大的计算能力和人类的思维有机结合，可
以帮助人类完成以前不可能或较难完成的任务。

4.2.1 概述

4.2.1.1 发展背景

计算机辅助情报分析（computer aided intelligence analysis，CAIA）就是利用计算机和相关设备帮助情报人员的情报分析工作。计算机辅助情报分析需要根据不同的情报任务建立不同的情报分析模型，采用不同的情报分析方法。在计算机辅助情报分析过程中，应该是人机结合，以人为主。那么为什么需要计算机辅助情报分析？

1. 情报信息资料和来源量急剧增加

随着现代信息技术的迅速发展、科学技术的日新月异，社会中的信息量急剧增加。特别是 20 世纪 90 年代以来，人们实际面对的正式出版物和各种非正式渠道传播的信息，几乎每过一年就要翻一番，信息环境发生着巨大变化。我国著名科学家钱学森先生在《现代科学技术的发展》一文中描述了这样一种境况：现在光是浏览一下世界上一年内发表的有关化学的论文和著作，一个化学家如果他每周看 48 个小时，也要读 48 年。对军事情报而言，情报搜集方法手段的多样化和高技术的应用，极大地提高了情报搜集的能力，情报搜集的数量也在不断增加。

2. 信息技术的发展为海量数据处理提供了支撑

计算机技术的快速发展，大容量存储和高速运算为海量数据处理奠定了基础。人工智能、模式识别、数据挖掘和数据库系统等软件技术的发展为辅助情报处理提供了支撑。

智能化情报技术是情报学研究与应用的前沿领域，但目前还有许多问题没有彻底解决。国外很多竞争情报软件在一定程度上可以对情报分析过程起到辅助作用，主要是通过数据挖掘技术、语义理解技术、相关统计分析以及数据抽取技术来实现，但它们只能形成供不同分析方法使用的相关信息资料，到目前为止，情报分析和处理仍是最主要的研究趋势。

3. 时代发展对情报需求提出了更高的要求

信息时代的快速发展，使得局势和形势发展变化也较快，领导机关对情报的需求也更快，对情报的预测分析也提出了更高的要求，要求对形势的发展能有准确判断，并能提出可能的对策。

4. 情报分析的复杂性

情报分析的复杂性表现在以下几个方面：

（1）来源广泛

军事情报资料的来源不仅局限于谍报、技术侦察等手段，在网络资源、报刊、多媒体等公开资料中也蕴含着大量的军事情报，广泛的来源为情报资料的搜集带来极大的便利，但是也增加了情报分析工作的困难，主要是真假资料鱼龙混杂，要从各种资料中甄别出有用的情报信息是非常困难的。

（2）涉及面广

军事情报分析工作中所研究的军事情报资料，特别是军事战略情报内容不仅涉及军事问题，还涉及政治、经济、外交、地理、科技等各方面的信息资料，情报分析人员不可能完全依靠个人的力量完成情报分析工作。

（3）关系复杂

从情报资料到产生决策的过程不能单纯依靠某一份资料、某一个人，需要对整个庞大的情报资料库进行分析，这其中包括定性分析和定量分析。其中任何一个细节的失误，都可能造成整个决策的失误。军事情报资料没有所属的关系，相同的资料可能揭示不同的动向态势，并且随着时间、对象的变化，其重要性也发生着改变，所指向的情报信息也不同，不能用任何一个确定的模型描述一个情报分析系统。

（4）具有开放性和涌现性

军事情报信息资料是连续的、动态的，情报蕴含在各种资料之中，针对不同对象的资料信息通过不同的组合、积累可能产生新的性质，揭示新的情报。

（5）具有对抗性

情报双方是对抗的双方，是具有高度智能而又有利益冲突的群体，为使自身利益的最大化，并抑制对方获益，必然采取各种非常规的办法，掩饰自己的行为，引诱对方上当，更加重了情报分析的复杂性。

4.2.1.2　计算机辅助情报分析的意义、作用及优缺点

1. 计算机辅助情报分析的意义

计算机辅助情报分析对情报分析工作具有非常重要的意义，对提高情报工作的水平也具有重要的作用。

（1）有助于情报分析的科学化

要实现情报分析的科学化，就必须实现定性分析和定量分析的对立统一。情报分析中的定性分析和定量分析是相辅相成、相互促进、互为补充的。计算机辅助情报分析就是有机结合定性分析和定量分析的桥梁和纽带。一方面，情报分析人员的定性分析结果转化为量化数据，作为计算机进行定量分析的输入；另一方面，计算机对定量分析模型的解算结果，又可以作为情报分析人员进行情报定性分析的重要论据，从而进一步增强情报分析的科学性。同时，在进行计算机辅助情报分析的过程中可以加强情报分析人员的理性思维，使情报分析结论的客观性增强。

（2）有助于情报分析的信息化

要实现情报分析的信息化，就必须在情报分析的各个环节全面应用信息技术，实现情报分析由单纯依靠人为判断向人机结合的方向转型。近年来，信息搜索、信息分析、信息挖掘等能够支撑情报分析的信息技术取得了突破性的进展，在社会经济各个领域都得到了广泛应用，取得了明显的效益。依托信息技术的最新成果，运用计算机辅助情报分析软件，不仅能够扩展情报分析的广度，加深情报分析的深度，不断突破人类自身信息处理能力的局限，而且能够将情报分析人员从大量费时费力的简单重复劳动，特别是数学运算

中解放出来，将有限的情报分析人力资源聚焦于人类最擅长的综合研判、逻辑推断工作中。要实现计算机辅助情报分析，首先要对各种情报资料进行信息化处理，从而大大提高情报分析的信息化水平。

2. 计算机辅助情报分析的作用

计算机辅助情报分析的作用主要体现在以下七点：

（1）对情报分析人员思维结论的进一步证实和支撑

情报分析人员通过自己的思维判断得出情报结论后，如果通过计算机的定量分析也能得出相同的结论，那么可以增强情报分析人员对结论的信心，上级决策人员也更信任情报的结论。

（2）减轻人员工作量，提高效率

提供大量计算机辅助工具减轻情报分析人员的工作量，提高情报分析人员的工作效率。

（3）辅助情报分析人员协同情报分析

计算机辅助情报分析可以提供网上协同分析的功能，通过此功能，在不同时间、不同地点的情报分析人员可以共同协作分析处理同一情报。在协助处理情报过程中可以实名，也可以匿名，减少情报分析过程中其他因素的影响，增加情报分析的真实性。

（4）为情报分析人员提供线索，减少思维的发散

当情报分析人员面对一大堆情报资料无从下手时，可以让计算机辅助情报分析软件进行分析，从中得出一些结论，为情报分析人员的进一步分析提供一个线索。

（5）辅助情报分析人员科学思考，规范情报分析工作流程

如果没有计算机辅助情报分析的工具，情报分析人员在分析情报的过程中就有可能完全按照自己的思维进行，可能受一些因素的影响，偏离正常的思维轨道，出现思维的偏差。有了计算机辅助情报分析的工具，可以使情报分析人员按照一定的步骤和流程开展情报分析的工作，减少思维失误。

（6）帮助情报分析新成员提高情报分析的质量

情报分析新成员刚刚参加情报分析工作，缺乏经验，容易出现情报分析失误。计算机辅助情报分析也是情报分析专家经验的总结，有了计算机辅助情报分析，可以使情报分析新成员按照情报分析专家的思维方式分析情报，提高情报分析的质量。

（7）帮助开阔情报分析人员的视野

情报分析人员在确定情报假设时，由于个人思维的局限，或许不能穷尽所有的可能，计算机辅助情报分析软件可以生成一些情报假设，为情报分析人员提供一些帮助，增加穷尽所有假设的可能性。

3. 计算机辅助情报分析的优缺点

计算机辅助情报分析优点突出，可以极大地提高情报分析的效率和水平，但计算机辅助情报分析也不是万能的，也有其自身的缺点。

（1）优点

快速高效。应用计算机辅助情报分析，能够对海量的情报信息进行自动化的内容分析和分类管理，对大量的情报数据和复杂的定量模型进行快速解算，从而节省人力和时间，提高情报分析的工作效率。

使用简便。应用计算机辅助情报分析，可以使情报分析人员完成以前只有技术人员才能做的复杂定量分析工作。在计算机软件的辅助下，情报分析人员只需要明白有关定量分析模型的含义，依据一定的格式输入数据，就可以在很短的时间内得到量化的情报分析结果，并对其进行后续的分析研判。

结论客观。应用计算机辅助情报分析，能够排除部分主观因素对情报结论的影响，用信息技术来搜索、挖掘、分析情报信息，依靠人工预先制定规则，计算机进行运算处理，然后报告处理结果。这样的过程，较少掺杂人的情感，有利于排除人为主观判断的影响。

发现深层规律。应用计算机辅助情报分析手段，可以从大量的、有噪声的、不一致的情报数据中进行知识提炼，发现隐蔽在信息海洋中的深层规律。通常情况下，这类深层分析处理对情报分析人员认知水平的要求大大超出了现实可能，没有信息技术支撑，很难做到这一点。

情报展示直观多样。应用计算机辅助情报分析手段，可以生成各种直观的图形和表格，以展示情报数据处理结果，使情报分析人员对情报数据有更加直观的认识，从而实现对深层次特点和规律的洞察。

易于核查。应用计算机辅助情报分析手段，可以将整个情报分析处理过程如实记录下来。情报分析人员如果对某个处理结果有疑义，可以将相关数据从计算机中调出来，回溯分析过程，进行核查，寻找和确定出错的环节。

（2）缺点

计算机辅助情报分析固然有其突出的优势，但也要认识到它不是万能的，而仅仅是一种情报分析支撑手段。一方面，计算机辅助情报分析软件绝不能替代情报分析人员的思维；另一方面，计算机辅助情报分析软件的使用效率依赖于情报分析人员的思维。

使用好计算机辅助情报分析对情报分析人员的能力提出了新的要求，情报分析人员不仅需要了解所分析问题的背景知识和具备科学的思维能力，还需要了解计算机辅助分析模型的基本原理和工作方式。

使用计算机辅助情报分析对情报数据的搜集提出了更高的要求，需要对搜集到的数据进行一定的预处理，使数据具有一定的格式化，剔除噪声数据，这些工作具有一定的工作量，而且必须要细致。

计算机辅助情报分析得出的结论具有一定的客观性，但能否得出正确的结论，还需要情报分析人员进一步分析。分析主要有两个方面：一方面，对结果进行科学的解释，有时计算机辅助分析能得出现象，但现象背后的原因还需要情报分析人员去分析；另一方面，对结果的正确性进行分析，把计算机分析的结果和其他分析方法得出的结论进行比较，相互印证，发现其中的共同点和差异点，最后得出较为可靠的结论。

4.2.2　方法分类

计算机辅助情报分析方法有许多种，并且还在不断发展中，为了能更好地理解和研究计算机辅助情报分析，明确计算机辅助情报分析的发展方向，需要对计算机辅助情报分析按照一定的标准和方法进行分类，不同的分类标准是从不同的角度看待计算机辅助情报分析，具有不同的用途。

4.2.2.1　按辅助应用的程度区分

按计算机辅助情报分析的程度，可以分为基本应用、人机合作应用和智能应用三个层次。这三个层次不是截然分开的，是计算机辅助情报分析不断提高的过程，是随着信息技术的发展而发展的。

1. 基本应用

基本应用是计算机辅助情报分析的初级阶段，也是计算机技术刚刚应用于情报分析的阶段。该阶段主要有文字的编辑排版，简单的计算、保存和检索情报资料的数据库等。现在这些应用已经不能满足情报分析工作的需要。

2. 人机合作应用

人机合作应用是现阶段正在大力发展的应用。这个应用层次的主要特征是开发了大量的情报分析计算机模型，用计算机实现情报分析方法，但在应用这些计算机模型时，需要情报分析人员确定一些参数，需要计算机和情报分析人员共同协作，不断循环完成情报分析任务。

3. 智能应用

智能应用是计算机辅助情报分析未来发展的层次。在计算机分析情报的过程中，不需要情报分析人员的直接参与，计算机可以根据情报分析人员的要求，自动搜索情报资料，自动分析，最后向情报分析人员提供情报分析的结论或建议。在整个情报分析过程中，计算机和情报分析人员的地位是平等的，但是否采用计算机的分析结论，最后还是由情报分析人员决定。

4.2.2.2　按模型使用范围区分

按模型的使用范围可分为通用型和专用型。

1. 通用型

通用型是相对于专用型而言的，指分析模型或方法可以用于不同的情报分析任务，如层次分析法。通用型的分析方法也不是完全通用的，每种方法都有它的适用范围，这是在使用这些方法时需注意的。使用通用型的模型或方法分析情报时，需要认真分析情报分析任务的需求，选取合适的模型或方法，同时需要根据任务需求和模型或方法搜集适合的数据。

2. 专用型

只适合一种情报分析任务的模型或方法称为专用分析模型。如选举预测模型，这种分析模型只适用于选举预测，有些预测模型可能只适用于一个国家或地区，不能同时用于其他国家或地区。专用型分析模型或方法是专为一种情报分析任务而设计的，使用较方便，不需要情报分析人员研究分析原理，只需按照模型的要求输入数据参数即可，但得出结论后，如果情报分析人员不认同，较难进行修改。

4.2.2.3 按方法使用的集成性区分

按方法使用的集成性可以分为单一方法和综合集成法。

1. 单一方法

单一方法就是在每次情报分析工作中只使用一种情报分析方法或手段。如在分析某个情报任务时，只使用层次分析法，根据层次分析法得出的结论作为情报分析的最后结论。使用单一方法或模型分析情报相对而言比较简单，但对情报分析来说，可能不全面。每种方法都有其适用的范围，都是从一个角度分析问题，对实际的情报分析任务，只使用一种方法可能无法得出较全面的结论。

2. 综合集成法

综合集成法是在分析某个情报任务的过程中使用一种以上的方法或模型。综合集成法有两种不同的方式，一种是并行方式，另一种是串行方式。并行方式就是对同一个情报分析任务同时采用不同的方法和模型。每种方法可能得出不同的结论，这些结论可以相互印证和相互补充，使得出的结论更加准确。串行方式就是在一个情报分析任务中，对情报分析流程不同的阶段使用不同的方法。例如可以使用头脑风暴的方法得出假设，然后在竞争性假设分析中使用这些假设，在对一些证据的评估中使用数理统计的方法。使用综合集成法相对比较复杂，但得出的结论也相对正确。

4.2.2.4 按应用层次区分

如果按照在军事上所使用的层次分，计算机辅助情报分析可分为战场级和战略级的应用。

1. 战场级

战场情报就是在战场上使用的情报，其主要特点是要求快速处理，快速分发。战场情报是组织实施战斗所需要的情报，主要是军事性的情报，政治、经济和科技情报的含量相对较少；涉及的范围是局部性的，内容比较具体，获取方法比较直接，时效性较强。一般进行简单的分析和单情报源的分析。

2. 战略级

战略情报是有关国家安全和战争全局的情报，包括和军事有关的政治、经济、科技、地理等情况。战略情报全局性比较强，具有潜在的长期效应，不分平时和战时；情报来源多样，对情报的处理强调预测性，分析处理有时在时间上不是非常急迫，有些情报任务需要连续的不间断的分析研究，因此可以有时间组织情报分析人员进行较详细的研究。一般要进行综合性的情报分析。

4.2.3 基本原理

计算机辅助情报分析是一种人机协同处理过程，人与计算机在情报分析中有互补性优势。人类在分析开创性、主观性、非结构化、非程序化问题，以及适应环境、逻辑推理方面的能力高于计算机；计算机在分析重复性、客观性、结构化、程序化问题，在数据运算、信号处理、数据记忆方面的能力高于人类。因此，情报分析中需要充分发挥两者的互补性优势，人和计算机各自执行自己擅长的工作，取长补短、共同感知、共同学习、共同决策、相互制约和相互监督，共同组成一种"超智能系统"，达到人或计算机都无法独立完成的情报分析效果。

4.2.3.1　计算机辅助情报分析工作的四个要素

计算机辅助情报分析系统由数据库、情报分析方法、情报分析软件和情报分析人员四大要素构成。数据库是基础，数据库中的数据资源是情报分析的对象；情报分析方法是手段，选择先进合理的方法是情报分析取得实质性成果的桥梁；情报分析软件是工具，应在功能上保证情报分析目标和方法的实现；情报分析人员是主体，决定数据库的建设、方法和软件的选择。情报分析的质量很大程度上取决于情报分析人员对上述要素的有效运用，取决于情报分析人员对情报分析任务的理解及其所表现出来的智慧。

计算机辅助情报分析系统中四个要素是否具有相关性，即要素之间的相互结合能否产生新质，是计算机辅助情报分析能否使系统整体功能大于各个要素功能之和的关键所在。换句话说，数据资料完整准确，方法选择得当，软件工具具有与之相匹配的先进功能，信息分析人员能按照课题要求将这些要素进行有效的整合，并在此基础上进行创新性的研究，则该计算机辅助情报分析系统就是一个富有效能的系统。

4.2.3.2　计算机辅助情报分析工作流程

计算机辅助情报分析工作流程一般包括情报搜集、情报资料有序化组织、方法与分析软件的选择、情报分析、结果表达与解释。

计算机辅助情报分析工作的一般流程如图 4-1 所示。

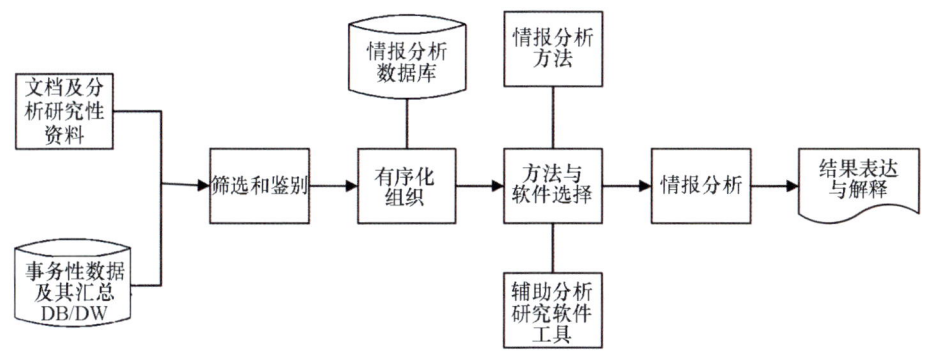

图 4-1　计算机辅助情报分析工作流程

1. 情报搜集

按照情报分析的需要，通过各种情报搜集手段、方法和渠道尽可能搜集完整的情报资料。确定情报来源和情报收集渠道是两个关键的问题。一般来说，情报来源应尽可能广泛，并在情报资料的准确性、权威性方面有一定的保证。情报收集渠道应是多方面的，以保证情报之间的相互印证。经过数据采集，形成情报分析的原始数据集合。

2. 情报资料有序化组织

情报资料有序化组织包括两个步骤：数据筛选与鉴别，数据的有序化组织。对所收集的原始数据，首先要进行筛选和鉴别，剔除虚假的、错误的信息，提高情报的准确性和有效性。一般来说，需要建立相应的情报资料评价体系，根据所收集情报资料的基本特征或特点，分别置入评价体系进行价值评价，做适度筛选以利于情报资料的针对性使用。数据的有序化组织即在筛选与鉴别的基础上，按照某种统一的数据格式，将多文件或多数据库环境中的数据进行合并处理，建立情报分析的专用数据库。

3. 方法与分析软件的选择

情报分析方法，从性质上看，有定性方法、定量方法、拟定量方法；从功能上看，有相关分析方法、预测方法、评估方法、综合分析方法等。方法的选择及其组合应保证情报分析各项目标的实现。辅助分析软件作为一种工具，是为方法功能的实现和情报分析任务的完成服务的，一般来说，需要综合运用多种分析软件和工具。在建立情报分析专用数据库的情况下，除利用有关软件完成数据的统计、计算和分析之外，可结合运用联机分析处理（on-line analytical processing，OLAP）和数据挖掘工具，以相互验证分析结论和有关事实，提高情报分析的效率和质量。

4. 情报分析

情报分析是在专用数据库的支持下，利用所选择的软件工具和方法，展开具体的情报分析过程。情报分析要受到目标的支配，无论分析的目标是非常具体的，还是比较抽象的，都应该首先明确。必要时可建立相应的假设，一部分假设由情报分析人员自己提出，一部分假设由情报分析工具产生或建立。经过统计、计算、比较分析、验证或证明假设，得出分析结论。

5. 结果表达与解释

情报分析结果是供决策机构或其他情报用户使用的，情报分析结果要按照情报用户的要求，或按情报用户容易理解的格式提供。对计算机辅助分析得出的结论要以人类可以理解的语言进行解释，其内在逻辑、因果关系要符合人类的理解习惯，对出现的人类无法理解的结论，要进行详细的分析，既不要断然否定，也不要盲目接受。同时，要把已描述的知识输入知识库中，成为知识库新的构成要素。

4.2.4 注意事项

使用计算机辅助情报分析是一个复杂的过程，在实际工作中有许多需要注意的地方。

4.2.4.1 充分重视数据库建设

首先需要准备好数据，没有数据就无法进行计算机辅助分析，数据准备得越充分，计算机辅助分析的结果就越可靠。美国之所以在情报分析方面比较先进，就是因为美国有大量的数据可以使用。

美国能源部能源信息管理局（energy information administration，EIA）的分析系统具有强大的数据库支持，主要包括以下数据库：

信息管理决策支持系统数据库。该数据库融合了一些 EIA 出版物中刊载的规范数据，如季度煤炭报告、月度石油供给、月度石油市场、月度电能、月度天然气和月度能源回顾，是短期综合预测模型、历史评价模型中历史能源数据的主要来源。

石油市场基本数据库。该数据库是石油与天然气办公室的主要工具。数据库中的图表描述了石油市场的趋势和模式，数据库文本中的 400 多个链接是有关石油市场网上 EIA 数据和其他信息的。这种链接设计不是直接提供大部分当前数据，而是提供对这些数据的链接。

美国兰德公司的研究工作同样有数据库的支持，RaDiUS 是兰德公司联合美国国家科学基金会（national science foundation，NSF）共同开发的第一个实时跟踪美国政府所有研究和开发行为与资源的免费数据库，用以支持美国白宫科技政策办公室、美国科技委员会、联邦政府部门和其他相关研发机构的工作 。

在 RaDiUS 数据库中，用户可以浏览或系统检索联邦政府研发内容，从联邦政府部门的研发活动开始，到下属各部门、计划、项目，最后到资助与任务，可以找到层层深入的具体研究内容。RaDiUS 作为工具，可以用于技术定标比超、确认可转让技术、找到潜在研发伙伴、制订研发活动日程和优化研发投资。

除 RaDiUS 数据库外，兰德公司还有一些供研究人员使用的公共数据库，包括 CalWORKs 数据集、背景数据图书馆、公共健康备用数据库等，这些都是兰德公司进行研究分析的重要基础。

数据的积累是一个长期而且复杂的过程，不可能靠突击完成，而是需要制订详细的规划，确定数据格式和收集的流程。这里所说的数据不是一般意

义上的情报资料，是指适合计算机处理的格式化的数据。大量资料性的数据
需要进行格式化处理。

4.2.4.2　慎重确定计算机分析模型中的参数

许多计算机辅助情报分析的模型在使用过程中，需要情报分析人员确定
一些参数，如情报的可靠性、参数的权重等。这些参数的确定直接影响最后
的分析结论，而参数是情报分析人员根据经验确定，带有主观性，因此一定
要慎重。注意指标参数值的"饱和"问题，即指标参数很快会达到饱和值，
但不会达到100%，而是到90%附近徘徊不前。同时要注意指标参数的独立
性和贡献性。

4.2.4.3　了解计算机辅助分析过程

情报分析人员使用计算机辅助情报分析软件，要对其分析模型及基本原
理有一定的了解。针对情报分析工作，情报分析人员要知道计算机是如何辅
助的，只有知道其辅助分析的原理，才能了解计算机的分析方法是否适合情
报分析任务，才能有效控制情报分析的过程，准确确定情报分析模型需要的
参数。情报分析人员如果不了解其分析过程，就可能盲目使用计算机分析模
型，不能准确理解计算机的分析结论。因此，不仅需要知其然，还需要知其
所以然。

4.2.4.4　认真分析计算机得出的结论

计算机辅助情报分析得出结论后，情报分析人员要对结论进行分析研究，
不能只从表面看问题，更不能直接使用结论，需要自我判断，对计算机得出
的结论给予合理解释、验证。如果对计算机得出的结论有一个合理的解释，
那么结论的可靠性就非常大；如果不能得出合理的解释，就不能轻易使用结
论，需要借助其他资料进一步分析研判和印证。

4.2.4.5 必要时采用多种计算机辅助分析方法

每种情报分析方法都有其特定的使用范围，没有一种适合所有情报分析任务的方法。而情报分析任务需要全方位分析情报，探究情报资料背后的规律。因此，必要时可以采用综合集成的方法，即在一个情报分析工作中，同时使用多种方法或模型。当然，如果一种方法可以解决问题，就只使用一种方法。采用多种方法时也要合理地选择，方法之间要有一定的互补性。

4.2.4.6 需要了解分析方法的内涵和应用场合

在情报分析过程中，确定采取某种方法时，要能充分了解该方法的内涵和使用特点，要在适当的场合使用适当的方法。每种分析方法的提出，都是为了解决一个问题，那么这种方法只适应于这种问题，如果要用于其他问题，则需要慎重再慎重。如层次分析法，主要用于决策分析，而且是自我决策分析，不能直接用于情报预测分析。如果用于对方的决策分析，一定要站在对方的立场按其思维习惯来思考问题，确定权重，这样分析的结论才有一定的可信度。如果分析人员对方法的内涵比较了解，那么就会比较信任计算机得出的结论，增强使用计算机辅助分析结论的信心。

4.2.4.7 需要情报分析人员和技术人员相互配合

运用计算机辅助情报分析工作，参与人员既要懂得计算机知识，也要懂得情报分析的知识，但个人的能力和知识有限，一个人同时全面掌握计算机知识和情报分析知识是不现实的。对于简单的情报分析任务可以由情报分析人员单独完成，如果情报分析任务比较复杂，使用的计算机系统和模型也比较复杂，就需要计算机人员和情报分析人员相互配合，才能充分发挥计算机辅助情报分析的效能。计算机人员负责系统的运行，向情报分析人员解释分析模型的基本原理，和情报分析人员一起确定分析模型中一些参数的权重。情报分析人员根据情报分析任务和所掌握的背景知识选择确定情报资料，对情报资料的性质做出判断，为计算机模型提供必需的参数等。

4.2.5 应用情况

近年来，以大数据、机器学习、自然语言处理为核心的人工智能技术取得显著进步，进一步推动了计算机辅助情报分析的发展，也引起了世界各国军事部门的广泛关注。

美国方面，美国情报界和国防部对开发和部署人工智能系统支持情报分析十分重视，认为这既是利用新兴技术的机会，也是应对数据过剩问题的解决方案。为此，美国成立了情报高级研究计划局（IARPA）。近年来，IARPA大量投资于情报分析方面的人工智能系统，尤其是在分析、预测和收集等情报研究领域。此外，美国国防部在 2017 年就成立了算法战跨职能小组（algorithmic warfare cross-functional team，AWCFT），将国防部的大量数据快速转换为具有实际价值的情报，提升战术无人机及中控全动态视频的分析处理能力，使其实现自动化，提高海上作战支援能力。经过多年的改进，加载特殊算法的解译系统，在深度学习技术的支持下，人工智能系统在复杂环境下的自动识别率已经超过 80%，下一步，美国还将在更多无人机平台上测试这项技术。

法国方面，法国 Preligens 公司开发了 ROBIN 和 ZEBRA 两种 AI 产品，用于搜索文本，不仅可以搜索特定的参考信息，还可以在特定的上下文、关系或含义中找到这些参考信息；也可搜索图像以检测、分类和识别感兴趣的军事对象。ROBIN 是一种符合 NATO STANAG 3596 标准的光学卫星图像监控工具，可以利用商业或主权数据。ZEBRA 是一种用于军事测绘的自动 AI 解决方案，可以从卫星图像中检测和矢量化道路与建筑物，并创建城市和农村地区的地图。Preligens 公司的软件目前已被法国、日本、英国、美国以及其他北约或欧盟国家使用。在 2021 年，Preligens 公司与联合部队图像形成和解释中心建立了人工智能图像处理和分析项目，可在选定的站点上构建一个量身定制的自动活动检测工具。该检测平台接收来自法国空客制造的合成光学空间器件（composante spatiale optique，CSO）卫星的图像。Preligens AI 使用其算法和图像数据库识别感兴趣的对象，特别是在特定的感兴趣站点上，使分析师能够专注于那些提供最大价值的任务，并根据分析师设定的规则发出警报通知。

英国方面，Systematic 公司为英国陆军设计了 SitaWare 战斗管理系统，为营级及以上单位提供全面的态势感知和指挥与控制（C^2）能力。SitaWare 套件经过操作验证，已交付 30 多个国家和地区。该软件在战场空间的各个层面提供全面的 C^2 能力，从使用 SitaWare Edge 的地面指挥官到使用 SitaWare Frontline 的骑兵部队，以及使用 SitaWare Headquarters 的更高级别的指挥官，人工智能可以通过多种方式支持指挥官和参谋人员的角色。它可以比人类更快、更一致、更准确地处理大量信息，从而减轻相关人员的认知负担并减少工作量。这尤其适用于情报分析，作为态势感知的主要贡献者，情报分析是 C^2 过程的基本组成部分。

4.3　情报融合技术

在过去的几十年里，通信技术和互联网的巨大变革，使人类面临的信息环境发生巨大改变，人类所能采集到的数据以及信息处理能力不管是在容量上还是在速度上都得到了空前的提高。数据量的暴涨，导致数据信息烦冗，真假难辨，这时数据融合被推上了历史舞台。数据融合是一种将大量丰富的原始数据及信息进行处理，组织得到能够支持决策的信息的方法。

4.3.1　数据融合

4.3.1.1　概述

1. 融合与决策的关系

在信息领域中，融合不是一个事物或一项技术，而是一种看待世界和环境的方式，集中关注人类及其所做决策相关的数据与信息内容。在传统的军事应用中，融合是将单个和多个传感器数据以及非传感器数据源信息进行合并表示，以满足大部分行动目标需求的一种方法。在最简单的层面，一个传感器系统可以探测和报告目标或环境的某些方面，一直保持关注就会对决策提供充分的支持。例如，一个雷达探测系统探测到有飞行器靠近，当飞行器进入有效范围，系统就会触发做出攻击该飞行器的决策。然而，即使这样简单的例子，也需要将时间序列上的观测值进行融合用于对目标进行无差别关联，以及利用其他相关数据确定目标的敌我属性。

指挥控制的精髓是人类在面临不确定性的情况下实时做出决策，并执行决策。大部分战术决策过程，几乎所有行动和战略指挥控制决策过程，都需要大范围的传感器和数据信息作支撑。如果没有一个标准化的数据融合处理过程作支撑，想要做出合理的决策并执行行动将非常困难。这就是融合与决策的关系，融合是决策的保障，决策是融合的目的。

2. 融合在军事中的历史

融合是在二战爆发前期被逐步认可和重视起来的。在二战期间，英国皇家海军拥有遍布全球的强大的信息搜集处理能力，搜集手段包括特工、舰船侦察、商船船员侦察等各种方式，这些手段为整个盟军提供了有效的信息搜集方式。二战爆发时，英国皇家海军已经意识到"单种类型信息，在没有通过与其他种类信息进行融合时，难以提供对敌人的充分和可信的描述"，随后就建立了一个全信源融合中心——作战情报中心（operational intelligence center, OIC）。随后其他许多注重多信源融合的情报中心相继建立起来，如美国第十舰队和 R. V. Jones's 科学情报机构。情报融合中心具有各类安全层级的数据访问能力，已经并将继续成为多源情报产品的生产者。将融合仅仅看作是情报处理领域的要素是非常狭隘的，从历史上看，融合与情报周期及可执行情报的生产有着密切的联系。实际上，融合与情报产品通常有着相同的意义。

融合是人类感知环境的基础，对情报和指挥控制过程来说必不可少。融合的这种必要特质早在二战时期就被英国所认同，英国将一种指挥控制单元巡逻路线部门合并到 OIC 当中，将情报和行动信息融合，以支持战略和战术计划的制订。这一举动在大西洋战争中产生了积极的效果，时至今日，这种方式仍被作为正确处理融合过程的典型范例。

在现今多国多边环境中，很多国家将关乎国家安全和全球反恐的事项放在首位，因此正确融合处理多源数据的需求仍然非常紧迫。OIC、大西洋战争及英国防御战的成功，证实了多传感器/多信源数据和信息的价值，美国还利用该模式在冷战时期长期对抗苏联和其联盟的潜艇力量。将 OIC 作为标准模式，美国与其盟国海军建立了融合中心网络，成功地将传统情报数据与行动数据进行融合，多年来长期有效地应对了各类威胁。

美国海军上将、美国中情局原副局长 William O. Studeman，是一个对融合有着敏锐洞察力和坚实推动力的人，他曾经在美国国防部实验室理事联席会（joint directors of laboratories，JDL）数据融合小组的会议上提出："构建融合能力的目标是，为掌握敌人动向的工作做出具有前瞻性的预测。情报官的工作不是去写伟大的历史，应该更关注于为指挥员制定决策提供尽可能多的预测。"想要达到预测的目的，必须要有足够的反应能力和速度，以及要有经评定后列入历史资料的融合产品（历史数据）做参考。

综上所述，融合的理念最初是在第二次世界大战期间随着军事行动的需求逐步发展起来的，经过实战的应用和检验，充分证明了融合在军事尤其是军事情报工作中的重要性，通过融合，能够为军事决策和指挥控制提供准确和强有力的情报保障。随着融合这一数据信息处理方式在战争中被广泛认同，在战后也得到了更为广泛和深入的发展，各国都努力为相应的军事部门建立融合职能部门，探索融合的工作流程和方法。但是，在这一过程中，融合领域的发展遇到了很多的障碍，如融合观念的缺失、融合体系的松散、融合流程的模糊、融合方法的落后。直到 20 世纪 80 年代初期，在美国国防部为代表的组织下才将数据融合学科统一建立起来。

3. JDL 对数据融合的定义

美国国防部 JDL 的建立，旨在统一数据融合领域内的概念定义、研究框架、功能划分，以此确立数据融合的完整学科地位。通过 JDL 机构下设的数据融合小组的努力，出版了数据融合词典，明确了数据融合领域的各个研究要素的概念定义；建立了 JDL 数据融合功能模型，划分了数据融合具体的研究内容和要素，以此初步建立数据融合学科。此后，数据融合学科以此为基础不断发展起来。JDL 的组织架构及在数据融合领域的成果如图 4 - 2 所示。

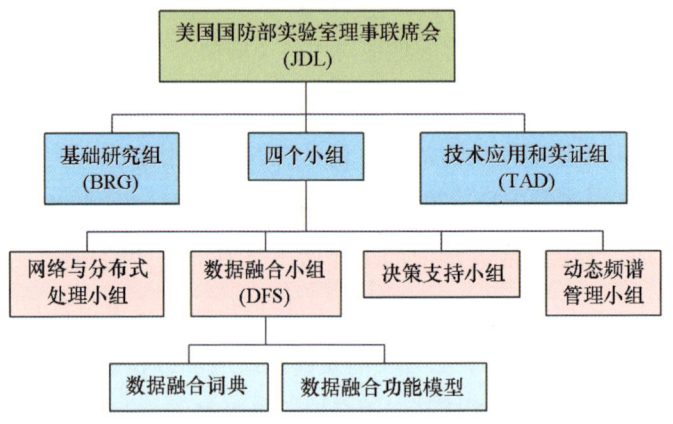

图 4 - 2 JDL 的组织架构及在数据融合领域的成果

· **名词解释**

－ 数据融合 －

最初的 JDL 数据融合词典（1985 年版）定义的数据融合的概念是：

数据融合是一个对来自单个或多个数据源的数据以及信息进行关联，匹配和合并以达到对目标位置和身份的精确估计，完全和及时地对态势和威胁及其重要性进行估计的过程。该过程通过持续地对自身的估计和评估进行改进，评价对额外信源的需求，以及修改自身处理过程，来得到高质量的信息产品。

随着理论与应用的发展，JDL 原始的定义变得狭隘，描述性用语太过冗长，不能体现实际应用的需求。因此，为使其具有更加广泛的应用范围，在此基础上急需为数据融合提出一个新的定义。原始的数据融合定义需要剔除一些烦冗的表述，模型修正后提出以下简洁的数据融合定义：

数据融合是一个通过整（融）合数据和信息来估计和预测实体状态的过程。

• • • •

4. 数据融合的类型

数据融合处理过程可分为三种基本类型：数据直接进行融合；从数据中提炼出特征向量，将特征向量进行融合；将每个数据进行单独处理，得到各自单独的较高层次的推断和结论，接着将这些推断和结论进行融合。以上三种方式使用各自不同的融合技术，如图 4-3 所示。

如果多个传感器都使用相同的物理介质进行测量，例如两个成像传感器或两个声学传感器，那么这些传感器采集到的数据就可以直接进行融合。传感器数据的直接融合所用到的技术多为经典的估计方法，如卡尔曼滤波算法。相反地，如果多个传感器之间的数据是非同类性质的，那么传感器数据融合就要在特征层或目标层进行融合。

特征层融合，首先需要从传感器数据中提取出具有代表性的特征集。特征提取最典型的例子就是漫画家利用面部特征创造人物漫画形象。有证据表明，人类就是通过基于特征的认知模式来对物体进行识别的。多传感器数据进行特征层级的融合，首先从多个传感器采集到的数据中提取出特征参数，将这些特征参数进行组合，形成结构单一的特征向量，然后将特征向量作为参数输入神经网络、聚类或模板匹配算法等模式识别算法中进行分类识别。

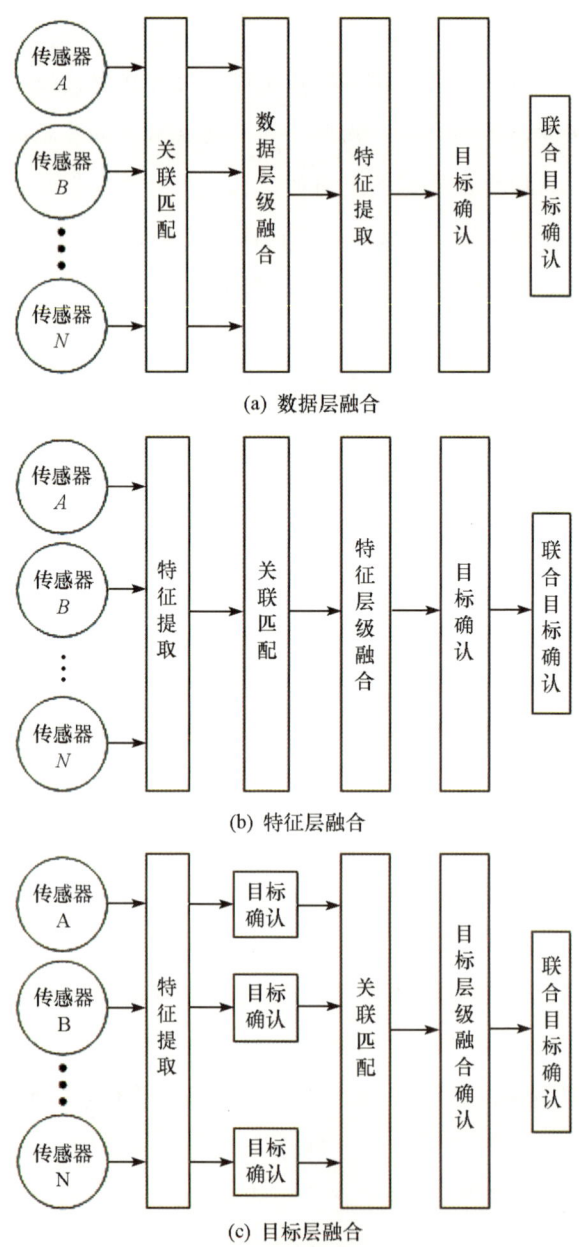

图 4 - 3   融合的三种方式

目标层的融合，首先每个传感器对各自的观测数据进行处理，初步得到被观测对象实体的位置特征及身份信息，然后对这些信息进行融合。典型的推断和结论层融合方法有：加权决策方法（投票法）、经典推理方法、贝叶斯推理，以及 DS（dempster shafer）证据理论方法。

4.3.1.2 数据融合的优点

对多种传感器采集的数据进行融合后的数据比单传感器采集的数据具有更突出的优点。

1. 提高对事物观测的精度

如果使用多个传感器单独进行数据采集（多个雷达单独跟踪移动目标），将每个传感器得到的数据进行融合，将得到对目标位置和速度更加精确的预测。统计方法的优势是对多个单独的数据利用最优化方法，采用加权平均方式，得到更精确的结果。将单个传感器多次的数据采集结果利用统计法进行处理，也会得到更加精确的结果。

2. 完善对事物观测的角度

通过利用多种传感器的相关位置及位移变化可以优化数据采集结果。例如，两个用来测量同一目标角方位的传感器可以通过三角函数方法一同确定该目标的位置信息。同样，当一个传感器相对于另一个正在观测目标的传感器移动，且移动路径可知，那么这个传感器也可以用来实时测量上述被观测目标的位置及速度信息。

3. 增强传感器系统的观测能力

多传感器的运用还可以增强传感器系统的观测能力，通过拓宽物理观测的手段就可以增强系统的观测能力。如图 4 - 4 所示，一部脉冲雷达和一部前视红外成像仪对同一飞行目标进行观测。雷达能够精确探测飞行目标的范围，但是没有能力测量飞行目标的方位角；相反，前视红外成像仪可以精确测量飞行目标的方位角，但是不能测量目标范围。如果将这两个传感器的观测结果准确有效地关联起来，那么利用这两个传感器组成的系统对飞行目标的位置进行测量，将会比利用其中之一更加精确，关联融合得到的定位结果误差范围将会大大缩小。在利用目标特征集确定目标身份的情况下，也可用同样的方式，对目标身份进行更加精准的确定。

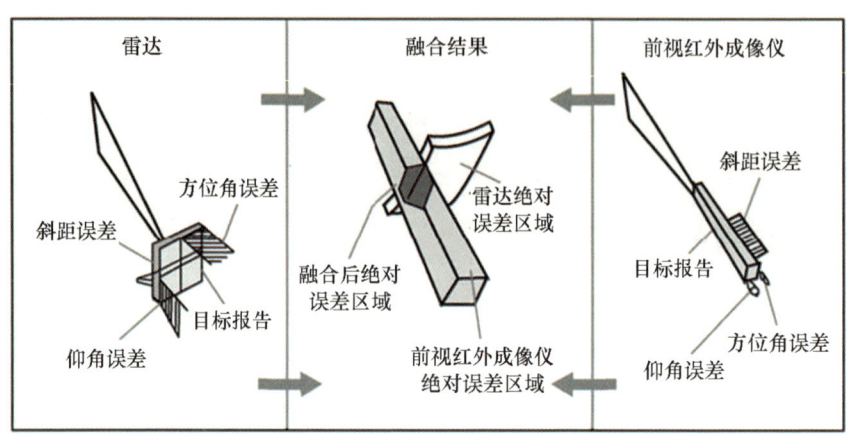

图 4 - 4   雷达与前视红外成像仪融合

4.3.2   JDL 数据融合功能模型

JDL 数据融合功能模型（简称 JDL 模型）是由美国国防部 JDL 数据融合小组在 20 世纪 80 年代建立的，JDL 模型是一种功能模型。美国国防部通过建立 JDL 模型统一规范了整个融合领域的研究方向、研究内容以及研究方法，为建立多传感器数据融合学科指明了方向。

美国国防部联合指导委员会在成立 JDL 数据融合小组之前，对融合在情报以及指挥控制领域的中心地位的认识程度便不断加强，非系统化的关于融合领域的研究人员、项目和计划大量出现，但是相互之间仍然缺乏适当的交流机制。后来 JDL 数据融合小组充分意识到融合学科的发展不成熟，提出了要建立一个具有共同认知的机构来加快其发展。

起初，JDL 数据融合小组建立了一个可供参考的通用框架，即 1988 年版的最初始的 JDL 模型，该框架利用融合学科自身发展出来的分类方式和词语表达进行词语和用法的定义。前文提出的融合定义来自最初的定义界定，展现出了融合的精髓：一个具有目的性的迭代预测过程。JDL 数据融合小组也提出了一个对融合过程的可视化描述，即一个数据和信息融合的功能模型——1998 年版的 JDL 模型，从而在学界内发展出了一个对融合过程有着共同理解的基础框架。值得注意的是，JDL 模型提出之初是为军事活动提供服务。

4.3.2.1 模型简介

1988 年版的 JDL 模型如图 4-5 所示，其在融合学科建立之初，为相关理论研究者、融合系统开发者和用户提供了一个对融合有着共同理解的基础框架。这一模型同样为融合学科的发展实践、研究项目和系统开发的组织概况提供了一种在融合功能（层级）上进行划分的可能。

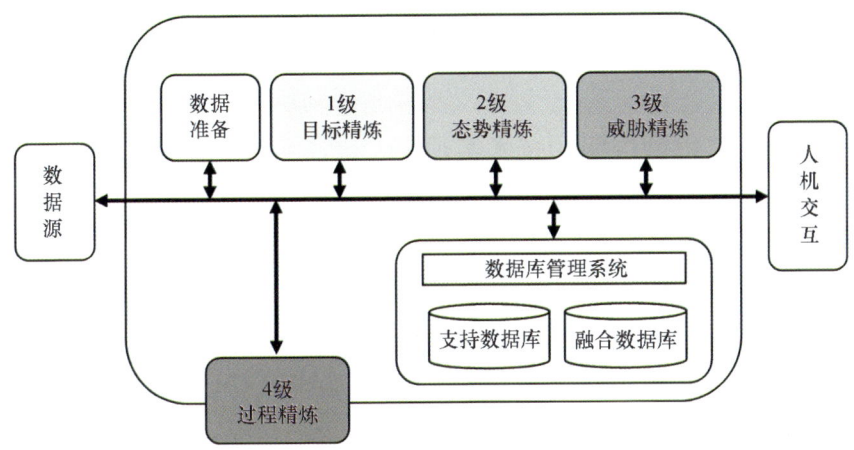

图 4-5　1988 年版 JDL 模型

1988 年版的 JDL 模型将融合分为 5 个层级：

（1）数据准备：对数据进行初步处理，提高数据的信噪比，对数据进行时空配准。

（2）1 级：目标精炼。对数据进行关联，估计单个目标或实体的位置、运动状态以及特征。

（3）2级：态势精炼。针对多个目标或事件进行关系分析，估计目标或事件在特定战场环境背景下的相互关系。

（4）3级：威胁精炼。利用现有态势对将要发生的事件进行预测，估计敌方威胁，对友方、中立方的兵力弱点进行分析，预测己方行动窗口。

（5）4级：过程精炼。对整个融合过程实施监控，实时提高系统运行的效率。

其中数据准备与1级称为低层级信息融合，而2、3、4级称为高层级信息融合。

在1988年版的JDL模型中，2、3层级融合能力的研究相对薄弱，而现阶段已有大量的研究和发展力量转向该层级的研究。这一模型已被军事及国际各个领域广泛接受和使用。该模型的架构随着融合、资源管理和数据挖掘的功能发展不断改进。其在现代信息服务架构以及网络环境中的应用前景受到广泛的重视。

4.3.2.2　模型层级的技术实现

在JDL模型提出后，多传感器数据融合技术发展迅速。现阶段还有很多研究正在不断研发和更新融合算法，在整个JDL模型框架中对现有技术进行实现，提高系统的数据融合能力。

数据融合应用最为成熟、算法实现最为丰富的过程是1级过程，即目标精炼，利用多传感器数据融合预测单个实体位置、速度、特征状态和身份信息。利用多个传感器观测到的数据预测单个实体位置和速度是一个研究相对成熟的领域，早在高斯和勒让德时期就开创了利用最小二乘法预测小行星轨道的数据融合算法。现存就有很多用于坐标转换，将观测值之间、观测值与轨迹之间进行关联，预测目标的位置和速度的数学方法。多传感器目标跟踪主要由序贯估计技术实现，如卡尔曼滤波算法。该领域面临的最大问题和挑战就是在目标数量密度大、目标机动速度快、目标机动方式复杂、电磁环境复杂（多径传播、同频干扰、杂波干扰）的情况下进行多目标的跟踪。在电磁环境良好、单个目标机动形式正常（运动状态可预测）的情况下，目标的跟踪可以得到很好的实现。

现阶段模型层级算法的研究主要集中在解决处理目标的识别和定位跟踪问题。有很多技术用于解决这类问题，如多假设跟踪技术及其扩展、基于概率的数据关联技术、随机集理论和多标准优化理论。现阶段的研究同样也还会关注利用粒子滤波等其他方法；利用一种基于知识的系统来同时使用多种技术，该系统能够根据算法的表现选择合适的结论。

1 级融合（目标精炼），需要解决的特定问题主要是根据探测到的特征和参数来对目标进行自动识别。到目前为止，目标识别主要使用基于特征的方法，该方法是将特征向量（传感器数据的一种表示方式）映射到特征空间中进行匹配，根据先前指定好的误差范围确定目标的身份信息，完成目标识别。较为实用的模式识别技术有神经网络、统计分类器以及支持向量机。尽管很多算法都很实用，但是算法的成功与否还是取决于特征选取的恰当与否。恰当的特征选取将提高分类器在特征向量空间中的分类能力；相反，不恰当的特征选取将导致特征向量在特征空间中的重叠率增加，降低分类能力。在该领域，需要加强特征的选取和目标特征集知识库扩展的研究力度。例如，符号组合学提供了一种表示目标的新方式。另外，少数研究还将环境信息融入目标识别中，例如通过目标在特定地形中的机动能力来对目标进行识别。

2 级和 3 级融合（态势精炼和威胁精炼），现阶段主要利用基于知识的方法，例如，基于规则的黑板系统、智能体、贝叶斯置信度网络等。这些领域还不够成熟，只有大量的技术原型，缺乏运行可靠的系统。该领域内的主要挑战是建立可扩展的知识库，该知识库包括关于态势和威胁评估的相关规则、框架、描述或其他相关内容。随着运行稳定的大容量数据库系统的应用，模糊逻辑和混合体系架构技术，模仿人类的团队合作、主动交换信息和预知信息需求方式的多智能体技术，以及神经网络、机器学习等人工智能技术的突破，将为实现自动的态势与威胁评估开拓道路。

4 级融合（过程精炼），实时评估和优化系统的数据融合处理性能和运行状况，该过程的技术成熟度根据不同的情况有所差异。在单传感器的情况下，利用控制理论和运筹学相关理论可以研发出非常有效的系统来实现 4 级融合，即使在复杂的单传感器上也很适用。相反，在多传感器的情况下，外部任务约束、动态的观测环境和多目标问题将给系统的实现带来更多挑战。该融合层级面临的问题是将任务目标及约束进行模式化合并，从而能够在资源，如计算能力、通信带宽（传感器和处理器之间）等有限的情况下，使系统的性能达到最优。效用理论的一些方法已被运用在评估系统的性能和效用上。基于知识的系统已被运用在基于环境的近似推理上。智能自调控传感器可以准确、实时地检测并评估自身性能，该传感器的研发和使用，将为此过程的改进提供很大的帮助。分布式中心网络环境，具有传感信号、通信能力和信息需求动态性较强的特点，该网络环境也会给 4 级融合的实现带来巨大的挑战，因为在这种动态环境下想要对资源进行优化利用将非常困难甚至不可能实现。在相关的研究中，有研究者利用基于市场拍卖的概念动态配置传感器，将传感器和通信系统看作服务供应商，将用户和算法看作消费者，快速评估如何合理配置系统资源以满足信息消费者。

数据融合面临缺乏对算法的严格测试和评估，以及缺乏将算法理论转化为系统应用的方式方法等相关问题。数据融合技术领域必须坚持算法研发、测试以及评估的高标准性，建立标准的测试方法，建立相关技术的系统转化以适应现实应用的需求。JDL 模型的非军事化应用也会加强融合技术的交流研究。在非军事领域中，如机器人、系统状态维护检修、工业过程控制、运输以及智能建筑的相关融合技术研究将给整个数据融合技术领域创造丰厚的土壤，产生巨大的飞跃。这些挑战和机遇将使数据融合技术成为一个备受关注、内容丰富、富有活力的研究领域。

4.3.2.3 模型存在的问题

1988 年版 JDL 模型在提出之初就被融合领域广泛地关注和研究解读，对此产生了不少错误的认识，部分认为融合是一个可以单独进行的过程。然而在军事领域中，融合从来都不会单独存在，从信息处理的视角来看，其在理论上也是行不通的。1988 年版 JDL 模型的另一个短板就是在处理过程中，人类角色的作用没有充分体现出来，只是作为人机交互参与进来。

这两个方面凸显的问题已经产生了很多错误的决定，如美国陆军和海军错误地尝试建立单独集成的中心化融合系统。这样的错误决定非常普遍，虽然当时被业内人士广泛接受，但其最终都是以失败告终。有关人类角色在融合中的作用，业内学者指出，1988 年版 JDL 模型没有提供清晰的尝试自动的数据融合处理方式，没有为决策制定者、用户以及融合自动化提供所需的感知与认知需求。这是该模型的一个严重不足之处，急需解决。

随着 1988 年版 JDL 模型的提出，对模型的实用性进行改进、修正，以及模型带来的发展契机始终是各类融合研究讨论会中的讨论热点。其中的一个讨论焦点是关于该模型是否存在支持系统设计的可能性。模型的提出者并没有考虑过这类问题。该模型用图表式的排列方式来表示层级关系及其所用的命名方式并不是想要表达一种层级关系、一种线性的处理过程，甚至是一种处理流程。"层级"这一词语被选用是因为可以显示出这一处理过程的顺序属性。尽管模型经常呈现出层级属性，但子处理过程的并行处理以及层级的跨越可以并且经常发生。

JDL 模型虽然有不足之处，但依然非常实用，因为层级的引入方便将数据融合功能进行分类，为了解融合技术能力、融合所扮演的角色以及为人类决策制定所提供的决策支持能力、层级概念提供了一种框架。在信息和决策支持的应用中，该模型可以被用来划分功能，当作制定融合能力的参照表。

考虑到复杂性，融合的自动化并没有在该模型中体现出来，而是将人类作为融合过程整体的一部分充分地体现出来。当需要为系统设计自动融合功能或子功能时，必须选择好特定的处理流程和设计方案，通过系统工程来实现，该模型只能作为一个参考。

4.3.3　多传感器数据融合的应用

美国国防部对包括雷达等辐射体、武器平台、武器装备以及部队单元等动态实体的定位、特征描述和身份识别技术非常关注。这些动态实体的位置、特征以及身份等数据通常被称为作战序列数据库或者作战序列图（当叠加在地图上显示时）。除注重战斗序列数据库的生成以外，美国国防部用户也在探寻更高层次的对敌方态势估计的方式方法，如敌方作战实体之间的关系、环境对作战实体以及实体关系的影响、敌方高层次的战斗及编制序列等。其研究的相关应用方向有海洋监视、空对空防御、地对空防御、战场情报、战场监视与目标捕获定位等。以上每一项军事应用领域都分别有自己的关注侧重点、传感器系统、算法集，以及自身领域所面临的具体问题和挑战。

4.3.3.1　海洋监视系统

海洋监视系统用于对海域目标及事件进行探测、跟踪和识别。相关的系统有用于支持海军战术舰队行动的反潜作战系统和航空器中的自主导航系统。系统所用的传感器包括雷达、声呐、电子情报、通信链路情报、红外传感器和合成孔径雷达。海洋监视系统能够监视涵盖数百千米范围内的空中、海面以及水下目标。多个监视平台可以同时工作以提高监视能力。海洋监视面临的挑战有：监视空间范围巨大，传感器与目标之间的组合问题，以及复杂环境对信号传播的影响（尤其是水下声呐感知系统）。

4.3.3.2　空对空、地对空防御系统

空对空、地对空防御系统用于对空域目标（飞行器、防空空对空武器及传感器）进行探测、跟踪和识别。系统所用传感器包括雷达、红外敌我识别传感器、光电成像传感器，以及可见光（目视）。该系统支持对空作战、战斗序列聚合、袭击任务指派、目标筛选、路径规划等。这类数据融合系统面临的挑战有：敌方的电子对抗，快速决策能力需求，传感器与目标关联的潜在

的巨大组合问题。其中红外敌我识别传感器系统中最为重要的挑战是以较高的准确性自主识别敌方目标。

4.3.3.3 战场情报、战场监视与目标捕获定位系统

战场情报、战场监视与目标捕获定位系统用于探测和识别地面潜在目标。例如地雷的探测定位、自动目标识别。系统所用传感器包括合成孔径雷达、无源电子侦察传感器、光学侦察传感器、地基声学传感器、远程无人机、光电传感器，以及红外传感器。这些传感器所收集到的信息将作为战场态势估计与威胁预警的重要数据来源。

4.3.3.4 无线传感器网络

无线传感器网络可以协助实现有效的战场态势感知。用飞行器将大量微传感器结点散布在战场的广阔地域，这些结点自组成网，将战场信息边收集、边传输、边融合，为各作战单元提供"各取所需"的情报服务。无线传感器网络可实现侦察敌情，监控兵力，监控装备和物资，监控战区情况，追踪目标，评估战争损伤，探测与侦察核、生物和化学攻击等。

1. 智能微尘

智能微尘（smart dust）是一种具有电脑功能的超微型传感器，由微处理器、无线电收发装置和使它们能够组成一个无线网络的软件共同组成。将一些智能微尘散放在一定范围内，它们就能够相互定位，收集数据并向基站传递信息。其包含了从信息收集、信息处理到信息发送所必需的全部部件。体积已缩小到沙粒般大小。未来智能微尘甚至可以悬浮在空中几个小时，搜集、处理、发射信息，能够仅依靠微型电池工作多年。

智能微尘的远程传感器芯片能够跟踪敌人的军事行动，可以把大量智能微尘装在宣传品、子弹或炮弹中，在目标地点撒落下去，形成严密的监视网络，监视战场敌军事力量和人员、物资的流动。

2. 目标定位网络

目标定位网络是美国国防高级研究计划局主导的项目。该项目的定量目标是建立由 10 万 ~ 100 万个可靠、实时的计算节点组成的分布式应用网络。这些节点包括连接传感器和作动器的物理和信息系统部件。该项目应用了大量的微型传感器、微电子、先进传感器数据融合算法、自定位技术和信息技术方面的成果。项目的长期目标是实现传感器信息在分布式中心网络中的传输和融合，显著提高战场态势感知能力。

3. 灵巧传感器网络

灵巧传感器网络（smart sensor web，SSW）是美国陆军提出的针对网络中心战所开发的新型传感器网络。其基本思想是在战场上布设大量的传感器以收集和中继信息，并对相关原始数据进行过滤，重要的信息传送到各数据融合中心，将大量的信息集成为一幅战场态势图，可根据作战人员的需求实时分发，大大提高作战单位对战场态势的感知能力。

SSW 系统可向战场指挥员提供一个从大型传感器矩阵中得到的动态更新数据库，并及时向相关作战人员提供实时或近实时的战场态势信息，包括通过从有人和无人车辆、无人机、空中、海上及卫星中得到的高分辨率数字地图、三维地形特征、多重频谱图形等信息。系统软件将得到的传感器信息、与数据库相关的信息，以及由其他传感器得到的信息进行关联，为作战网络提供战场态势实时信息。

4. 无人值守传感器

2005 年的春夏之交，美国内华达州 Fallon 海航站训练场各种各样的典型雷达都以不同的姿态在运转。而此刻在训练场各处隐蔽着的许多咖啡罐大小的传感器却正在检验自己探测雷达信号的能力。这是美国国防部和 BAE 公司在联合进行"狼群"试验。"狼群"是那些网络化的咖啡罐大小的地面传感器。这种名为"狼群"的网络化地面传感器的登场，标志着电子战领域有了战术和技术的最新突破。

在伊拉克战争期间，伊拉克反美武装利用一种商用步话机进行组织联络，连续发动了一系列针对美军的袭击活动，增加了美军伤亡。这种步话机体积很小，成本只有 100 美元，频率 40～50 兆赫兹，通信距离 10 千米。由于它的信号为直序、扩频信号，低于背景噪声，美军装备的擅长捕捉常规信号的系统很难对它进行有效监视。"狼群"起初就是为了对付这种低功率通信威胁而开发的，之后又增加了巷战、电子攻击等功能。BAE 公司先研制出了一种能侦听敌方雷达和通信的小型地面传感器，称之为"狼"。"狼"是单只高 304.8 毫米、直径 120 毫米的罐状体小型化硬件。5 只安装了升级软件的"狼"分布在临近的地方，组成一个"狼群"，其中 1 只"狼"按预编程序要求成为"头狼"。"狼群"中的"狼"实现智能联网，相互间可进行通信联络。一只"狼"出了故障或遭敌毁坏，另外的"狼"可接替它的工作。"狼群"确定探测目标的识别、定位，并由"头狼"向更大的网络或传感控制中心传送获得的信息。

"狼群"工作频段覆盖范围为 30 兆赫兹至 20 吉赫兹，即覆盖了现有常用的雷达和通信工作频率，因而能对目标的通信和雷达信号进行监视和搜集。"狼群"是自治的动态网络，能根据需要为"狼"调整分配任务。它可对正在运行的敌方通信网络进行分析，确定敌方使用电子系统的工作模式和节点，并通过图形在操作控制台上显示。"狼群"对目标辐射源的定位精度可确保己方火力百发百中。

将"狼群"转化成具有机载电子攻击能力的最佳途径是"狼群"借助航空器升空。BAE 公司为此研制出了"飞狼"无人机。"飞狼"是一种直径为 1.22 米、能垂直升降的小型无人机，因嵌入"狼"传感器而得名。每架"飞狼"嵌入一只"狼"，几架"飞狼"组成一个"飞狼群"。"飞狼群"具有机动性强的特点，可到"狼群"不便布设的水域或地形复杂地区上空遂行电子战任务。它可重新部署回收。如果将地面"狼群"网络与空中"飞狼"联网，就会在更大空间内掌握电子战主动权。

4.3.4 技术侦察与雷达情报融合案例

不同侦察手段获取的情报具有各自的特点。技术侦察（简称技侦）情报具有时延大、间隔长、随机性和非周期性等特点，能够利用的信息量较少。案例主要利用技侦数据的位置信息，采用最近邻法对技侦情报与雷达航迹进行融合关联。

4.3.4.1 技侦情报数据格式

技侦情报数据的元素格式及相关内容如表4-1所示。

表4-1 技侦情报数据一般格式

情报格式	内容
情报类型	分空情和海情两种
情报上报时间	年、月、日、时、分
国家或地区	指目标所属国家或地区，如美国、日本等
军种	分空军和海军两种
隶属单位	目标所属部队番号，如美国陆军第5兵团等
类别	飞机、舰船、坦克等
机舰类型	F-22、F-14、幻影2000等
机舰编号	基隆号1800驱逐舰等
目标属性	敌我属性
起点	机场、码头等
起点时间	年、月、日、时、分、秒
任务类型	警戒巡逻、侦巡、运补和护航等
活动区域	各海域、海峡等
发现目标时间	年、月、日、时、分、秒

（续表）

情报格式	内容
目标经度	经度坐标：度、分、秒
目标纬度	纬度坐标：度、分、秒
目标航向	航行方向：度
目标航速	航行速度：千米/时
目标高度	航行高度：千米、米

以上是较典型的技侦情报，由于技侦情报自身特点，得到技侦情报比较困难。通常，上报的技侦情报数据都不完整，这给技侦情报与航迹关联产生了较大的影响。因此，技侦情报与航迹的关联算法能够利用的信息量很少。

4.3.4.2 技侦情报与雷达航迹的关联算法

技侦情报与雷达航迹的关联算法主要利用技侦情报上报目标的位置信息进行关联。首先，将所有雷达航迹内插或外推至技侦情报发现目标时间 t，得到 t 时刻各航迹的位置信息 (X_{kt}, Y_{kt}, Z_{kt})，$k \in (1, p)$，其中 k 为航迹号，p 为航迹总数。

1. 技侦情报上报的位置信息处理

技侦情报上报精确位置信息为经纬度坐标，设 (L_{it}, R_{it}) 为第 i 条技侦情报 t 时刻目标的经纬度坐标。由于航迹点的坐标为直角坐标，因此首先要进行坐标对准。

（1）坐标对准

将技侦情报 t 时刻上报的经纬度坐标位置 (L_{it}, R_{it}) 转换为直角坐标位置 (x_{it}, y_{it})。

（2）最近邻法找位置坐标

将各航迹内插或外推至 t 时刻，得到各航迹点位置 (X_{kt}, Y_{kt}, Z_{kt})，并与 t 时刻技侦情报的位置坐标按以下公式计算 dis (k)，即

$$\mathrm{dis}\,(k) = (x_{it} - X_{kt})^2 + (y_{it} - Y_{kt})^2, \quad k \in (1, p)$$

找出最小的 dis (k)，即 dis $(l) = \min\limits_{k \in (1,p)} (\mathrm{dis}(k))$，则 l 为最优航迹，将 t 时刻技侦情报与航迹 l 关联。

2. 技侦情报上报的方位角信息处理

设 α_{it} 为第 i 条技侦情报在 t 时刻上报目标的方位角，处理过程如下：

（1）坐标转换

将各航迹内插或外推至 t 时刻，将 t 时刻各航迹点位置（x_{kt}，y_{kt}，z_{kt}）按下面公式转换成方位角，即

$$\beta_{kt} = \mathrm{arctanh}\,(y_{kt}/x_{kt}), \quad k \in (1, p)$$

（2）最近邻法找方位角

将 t 时刻所有航迹的方位角与 t 时刻技侦情报上报的方位角按下面公式求绝对差，即

$$e_k = |\alpha_{kt} - \beta_{kt}|, \quad k = 1, 2, \cdots, p$$

找出其中最小的 e_k，即 $e_l = \min\limits_{k \in (1,p)} (e_k)$，则航迹 l 为最优关联航迹，将 t 时刻技侦情报与航迹 l 进行关联。

技侦情报在关联过程中仅用到精确的位置信息或方位角信息，使得关联的准确率不高。由于技侦情报上报的不完整性，关联时可利用的信息较少。当仅利用方位信息进行关联时，若上报情报缺少方位信息项，则可能出现无法关联的情况，这将使得技侦情报本身所具有的准确性和可靠性等特点没有被利用，不能为识别目标提供更加准确的参考。因此，技侦情报的关联需要进一步深入研究。

3. 技侦情报与雷达航迹关联算法流程

技侦情报与雷达航迹关联算法利用最近邻法找与技侦情报目标位置信息最近的雷达航迹，将技侦情报与该航迹进行关联。技侦情报与雷达航迹关联算法流程如图 4-6 所示。

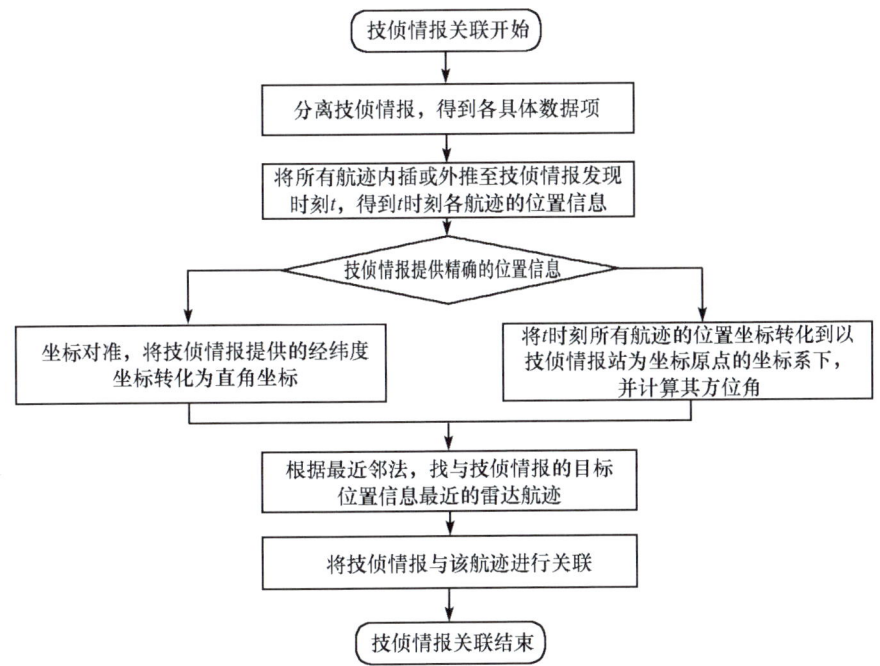

图 4 - 6　技侦情报与雷达航迹关联算法流程

结 语

　　当前，世界军事技术正加速向信息化和智能化复合发展，呈现出全方位、深层次发展的态势和多点突破、深度融合、广泛渗透的特征。先进技术在情报领域的不断转化落地，对情报能力生成产生重大推动作用，呈现出以下四种显著特征。

　　一是从顶层设计上继续向情报新技术倾斜。世界各国继续针对军事情报技术发展制定或修订战略规划，颁布国家政策，出台战略指导，从顶层设计上持续向情报新技术倾斜。如美国颁布的国防战略报告，明确了先进计算、大数据分析、自主性、机器人、定向能、高超声速和生物等新技术的发展是影响其安全的因素，其中绝大部分与情报技术领域相关；美国决定持续对关键能力的现代化进行投资，包括网络防御、C^4ISR、导弹防御、自主系统、无人机系统等情报技术项目。俄罗斯在《2018—2025 年国家武器装备计划》中提出为俄罗斯武装力量提供基于新原理的装备，包括智能化机器人系统等侦察情报装备。法国在其《人工智能与创新路线图》中也明确了情报技术装备的发展路径。

　　二是激烈争夺前沿情报技术领域领先位置。各国持续在智能技术、通信技术等前沿技术领域加大投入力度，瞄准对手空白，谋求以点带面形成局部技术突破，颠覆现有情报工作样式，实现作战能力大幅提升。美国国防部成立联合人工智能中心（joint artificial intelligence center，JAIC），加快智能化步伐，著名的算法战跨职能小组的 Maven 项目开发的职能算法已应用于情报分析领域。俄罗斯近年来在高调公布先进武器装备的同时，还宣布将利用量子通信技术在全境建设跨欧亚大陆的密钥分发网络。

三是基础科学领域对情报技术装备发展支撑作用愈发明显。随着材料、工艺设备和计算机辅助系统的发展，在军事需求牵引下，基础科学领域发展也十分迅速，新材料、微电子、传感器、基础算法等基础科学领域的研究为加快军事技术现代化提供了强大助力。美国国防高级研究计划局投入经费加强新材料和新架构的基础研究，利用碳纳米管等新材料制成的晶体管制造 3D 芯片，以实现对芯片系统的灵活架构，从而重振芯片产业。美空军研究实验室也将 TPU 芯片用于部署"军事云 2.0"系统，增强其军事智能化网络协同能力以提高情报侦察和监视能力。

四是军事情报科技领域军民融合不断加深。军事情报技术与装备发展过程中，各专业学科的交叉、融合、渗透日益加深，愈来愈依靠多领域协同创新。美国、英国、俄罗斯等国通过军方、军工部门和军工企业的调整改革，以及军政部门间和企业间的合作，实现了军队搭台、企业唱戏，军方主导、政府参与的良性互动。约 40 家公司参与了美国举办的人工智能会议，包括亚马逊、谷歌、英特尔和微软等科技巨头，还包括美国银行、波音、通用电气、福特汽车、高盛集团和沃尔玛等非科技公司，美国国防部和其他多个美国政府部门也参与了会议。英国通过国家层面的军转民、军民兼顾计划，推动情报领域"军民一体化"科技创新模式。俄罗斯也先后成立了多个集科研、设计、试验、生产和金融于一体的工业集团，将非军方力量纳入其国防工业生产和科研。

综上，随着军事科技成果不断涌现，在情报领域的转化应用也日益增加，必然带来军事情报技术与装备的颠覆性和跨越性发展，深刻影响军事斗争的形式。

参考文献

[1] 中国人民解放军军语编委会. 中国人民解放军军语 [M]. 北京: 军事科学出版社, 2011.

[2] 刘宗和. 中国军事百科全书·军事情报 [M]. 北京: 中国大百科全书出版社, 2007.

[3] 中国人民解放军军事科学院. 21世纪现代国内外军事侦察技术百科全书 [M]. 北京: 军事文献出版社, 2008.

[4] 《空军装备系列丛书》编审委员会. 侦察情报装备 [M]. 北京: 航空工业出版社, 2009.

[5] 孙建民, 胡晓剑, 王国明, 等. 战后情报侦察技术发展史研究 [M]. 北京: 军事科学出版社, 2008.

[6] LIGGINS M E, HALL D L, LLINAS J. Handbook of multisensor data fusion: theory and practice [M]. Boca Raton: CRC Press, 2008.

[7] DALE A L, ADAM S, KERRY T. Consensus: a comprehensive solution to the grand challenges of information fusion [C] //18th International Conference on Information Fusion. Washington, D. C.: July 6 – 9, 2015.

［8］ BAHADOR K, ALAA K, FAKHREDDINE O K, et al. Razavi multisensor data fusion: a review of the state-of-the-art ［J］. Information Fusion, 2013 (14): 28 –44.

［9］ ERIK B, ALAN S, SUNRATA D, et al. Revisiting the JDL model for information exploitation ［C］//16th International Conference on Information Fusion. Istanbul: July 9 –12, 2013.

［10］ GAINEY J, BLASCH E. Development of emergent processing loops as a system of systems concept ［C］// Proceedings of AeroSense Conference, SPIE, 1999 (3179): 186 –195.

［11］ DASARATHY B. Sensor fusion potential exploitation-inovative architectures and illustrative applications ［J］. Proceedings of the IEEE, 1997, 85 (1): 24 –38.

［12］ 军事科学院. 中国人民解放军军语 ［M］. 北京: 军事科学出版社, 2011.

［13］ 樊昌信, 曹丽娜. 通信原理 ［M］. 7 版. 北京: 国防工业出版社, 2012.

［14］ 全军军事硕士专业学位研究生统编教材组. 军事信息技术与应用 ［M］. 北京: 国防工业出版社, 2018.

［15］ 赵光兴, 等. 航空电子侦察概论 ［M］. 北京: 解放军出版社, 2016.

［16］ 丁鹭飞, 耿富录, 陈建春. 雷达原理 ［M］. 5 版. 北京: 电子工业出版社, 2014.

［17］ 刘海龙. 现代情报、侦察与监视技术 ［M］. 北京: 国防大学出版社, 2014.

［18］ 樊邦奎, 等. 外军战场侦察监视系统研究 ［M］. 北京: 军事谊文出版社, 2010.

［19］ 田坦. 声呐技术 ［M］. 2 版. 哈尔滨: 哈尔滨工程大学出版社, 2009.

［20］ 戴汝为. 社会智能科学 ［M］. 上海: 上海交通大学出版社, 2000.

［21］　杨寿青. 试论军事情报研究的自动化［J］. 情报杂志，1995（3）：48－
　　　　49，61.

［22］　李永波. 基于数据挖掘的军事情报分析系统研究［D］. 重庆：重庆大
　　　　学，2005.

［23］　王永红. 情报分析中的不完全信息现象及其对策［J］. 情报杂志，
　　　　2007（6）：54－56.

［24］　高庆德. 军事情报分析模型研究［D］. 洛阳：解放军外国语学
　　　　院，2008.

［25］　戴汝为，操龙兵. 综合集成研讨厅的研制［J］. 管理科学学报，2002
　　　　（3）：10－16.

［26］　胡晓惠. 研讨厅系统实现方法及技术的研究［J］. 系统工程理论与实
　　　　践，2002（6）：1－10.

［27］　程振中. 综合集成研讨厅中人机结合的研讨流程研究［D］. 南京：南
　　　　京理工大学，2009.

［28］　熊云龙. 基于 Silverlight 的 RIA 研究及应用［D］. 重庆：重庆大
　　　　学，2008.

［29］　张家才. 综合集成研讨厅支撑环境的设计与实现［D］. 北京：中科院
　　　　自动化研究所，2004.

［30］　孔令国. 面向网络信息监测的群体性事件本体构建及应用研究［D］.
　　　　兰州：兰州大学，2011.

［31］　杨寿青. 军事情报分析方法体系初探［J］. 情报杂志，1997（2）：52－53.

［32］　王浩. 陆军指挥信息系统［M］. 北京：军事科学出版社，2012.

［33］　吴苏艳. 高技术战争中的"耳目"：电子侦察系统［M］. 北京：解放
　　　　军文艺出版社，2001.

［34］　伍晓华，宋伟. 电子防御经典战例［M］. 北京：国防工业出版
　　　　社，2022.

［35］ 夏梓彬. 光纤通讯在军事通信上的应用［J］. 中国新通信，2017，19（23）：116.

［36］ 张盼华，张伟涛. 军事战术数据链信息传输技术研究［J］. 火力与指挥控制，2020，45（3）：167－170.

［37］ 詹建华. 军事短波通信中的抗干扰技术研究［J］. 电子测试，2018（11）：119，123.

［38］ 张高原. 美西方在俄乌冲突中的情报保障实践及其启示［J］. 情报杂志，2023，42（1）：6－11，17.

［39］ 李增华，李晓松，蒋玉娇，等. 美国情报领域人工智能系统应用进展研究［J］. 国防科技，2022，43（4）：1－5.

［40］ T．N．杜普伊. 国际军事与防务百科全书［M］. 军事科学院，编译. 北京：解放军出版社，1998.

［41］ 罗格. 感知地球：卫星遥感知识问答［M］. 北京：中国宇航出版社，2018.

［42］ 齐欣，崔希栋. 华夏之光：中国古代科技史话［M］. 北京：九州出版社，2018.

［43］ 赵海明，许京生. 中国古代发明图话［M］. 北京：北京图书馆出版社，1999.

［44］ 刘孟庵. 水声工程［M］. 杭州：浙江科学技术出版社，2002.

［45］ 韩泰伦，等. 外层空间武器［M］. 呼和浩特：内蒙古人民出版社，2004.

［46］ 海生. 科学卫星与军事卫星（2）［M］. 长春：吉林电子出版社，2007.

［47］ 吴延熊，刘汉林，吴小我，等. 影视创业学［M］. 北京：中国广播影视出版社，2020.

［48］ 李珊，张春明，汪卫国. 5G商用起步，融合应用蓬勃兴起［J］. 中兴通讯技术，2019，25（6）：2－7.

［49］ 马小科. 数据挖掘基础及其应用［M］. 西安：西安电子科技大学出版社，2020.

［50］ 高金虎. 中西情报史［M］. 南京：江苏人民出版社，2017.

［51］ 张杰. 国外军事情报分析领域人工智能应用分析［EB/OL］.（2022 - 12 - 27）［2023 - 3 - 10］. http：//m. 163. com/dy/article/HPJPVT2E0552V9YV. html.

［52］ 朱诗兵，胡欣杰. 军事信息技术及应用［M］. 北京：国防工业出版社，2018.